高校学生管理模式创新研究

郑婷婷 著

哈尔滨出版社
HARBIN PUBLISHING HOUSE

图书在版编目（CIP）数据

高校学生管理模式创新研究 / 郑婷婷著. —
哈尔滨：哈尔滨出版社，2023.7
　ISBN 978-7-5484-7387-9

　Ⅰ. ①高… Ⅱ. ①郑… Ⅲ. ①高等学校－学生－学校
管理－研究Ⅳ. ①G645.5

中国国家版本馆 CIP 数据核字（2023）第 128609 号

书　　名：高校学生管理模式创新研究
GAOXIAO XUESHENG GUANLI MOSHI CHUANGXIN YANJIU

作　　者：郑婷婷　著
责任编辑：孙　迪
封面设计：周　婷

出版发行：哈尔滨出版社（Harbin Publishing House）
社　　址：哈尔滨市香坊区泰山路 82-9 号　　邮编：150090
经　　销：全国新华书店
印　　刷：济南圣德宝印业有限公司
网　　址：www. hrbcbs. com
E－mail：hrbcbs@yeah. net
编辑版权热线：（0451）87900271　87900272
销售热线：（0451）87900202　87900203

开　　本：787mm×1092mm　　1/16　　印张：8.25　　字数：200 千字
版　　次：2023 年 7 月第 1 版
印　　次：2024 年 4 月第 1 次印刷
书　　号：ISBN 978-7-5484-7387-9
定　　价：60.00 元

凡购本社图书发现印装错误，请与本社印制部联系调换。
服务热线：（0451）87900279

PREFACE

　　高校是人才输出的主阵地，高校学生管理科学合理，就会培养出优秀的人才，就会对我国可持续发展起到重要的辅助作用。但就我国当今实际形势来看，随着大学生的不断增多，高校体制多元化，高校收费、就业方式发生变化，学分制等多种管理方式出现，以往一些相对落后的管理方法不能满足学生的实际需要，学校必须制定出符合自己学校现实情况的管理体系。

　　大学生，承担着复兴中华民族以及社会主义建设的使命，高校作为人才培养的主阵地，完善学生管理工作，对人才培养和未来发展显得尤为重要。传统学生管理工作，随着教育事业的发展暴露出了不少问题，不适应新时代人才培养要求，亟待面向新形势下的挑战与压力，围绕社会环境、高等教育改革以及学生主体现状，建立新型学生管理体系，从而落实以人为本的服务，为学生发展创建优良的管理环境，提供更为优质、促进学生发展的服务。本书针对新形势下高校学生管理所面临的严峻挑战，基于新形势发展要求，探究如何进一步促进学生管理模式改革、创新，正视与解决高校学生管理出现的问题，为高校学生发展提供优质、完善的管理保障体系。

　　高等院校在培养应用型人才中占据主要的位置，全面提高学生的整体素质是其首要目的，高校不仅仅要管理学生学习方面的习惯，同时也应该培养学生日常生活习惯，学生的生活习惯直接影响着学校的整体稳定，同时也能保障学校其他方面工作的正常进展，所以说高等院校通过了解学生的特点和个性，建立合理的学习管理机制是首要任务。

　　为了提升本书的学术性与严谨性，在撰写过程中，笔者参阅了大量的文献资料，引用了诸多专家学者的研究成果，因篇幅有限，不能一一列举，在此一并表示最诚挚的感谢。由于时间仓促，加之笔者水平有限，在撰写过程中难免出现不足的地方，希望各位读者不吝赐教，提出宝贵的意见，以便笔者在今后的学习中加以改进。

CONTENTS 目　录

第一章　高校学生管理概述

第一节　高校学生管理的内涵

一、内涵

高校学生管理是高等学校领导和管理人员，为了实现高等学校学生的培养目标，按照国家的教育方针和各项政策法令，科学地、有计划地组织、指挥、协调学校内部的各种因素——人、财、物、时间、信息等，并对其进行预测、计划、实施、反馈、监督等的一门管理科学。

高校学生管理作为学校管理的重要组成部分，具有十分广泛而深刻的内涵。首先，它要研究管理对象（即青年大学生）的生理、心理特征，知识、能力结构，兴趣爱好及社会氛围对他们的影响，掌握他们的思想变化及教育管理的规律。其次，它要研究管理者本身（即学生工作专职人员）必备的思想、文化、理论及业务素质，以及这些素质的培养和管理队伍的建设。再次，它还要研究学生管理的机制和一般管理的原则、方法，以及学生在学习、生活、课外活动、思想教育中的具体管理目标、原则、政策、法规等。

二、研究的内容

高校学生管理是一项教育工作，它具有教育科学所包含的规律，它也是一项具体的管理工作，具有管理科学所包含的规律。我们认为，大学生管理是高等教育学和管理学交叉结合产生的一门综合性应用学科，它同所有的管理科学一样，研究的主题是效率，当然具体研究的课题是大学生管理的效率——最有效地达到大学生的培养目标。我们中国大学生管理，就是要寻求按照党和国家的教育方针，实现培养德、智、体诸方面发展的专门人才的最佳方案，最佳计划、决策，最佳管理体制、组织机构，最佳操作程序。它涉及很多学科：马克思主义哲学、高等教育学、社会学、心理学、管理学、行政学、统计学、控制论、信息论、系统论等。因此，研究中国大学生管理必须广泛运用各种有关的科学理论来分析研究我国大学生的管理实践，使我们的管理建立在真正的科学理论之上，这样才能使我们从事学生管理工作的同志用科学的管理指导思想和科学的管理手段进行有效的管理。

三、对大学生进行严格管理的过程中，要正确处理以下关系

第一，学生管理与规章制度的关系。高校学生管理要依靠制定并实施必要的规章制度来实现。教育部根据党和国家的教育方针、青年大学生成长的特点及长期以来的工作经验，已经制定了《普通高等学校学生管理规定》，这是对大学生进行科学管理的一个基本的法规性文件。各高校也结合自己的实际情况，整章建制，制定了一系列的规章制度。学

生管理的实践反过来又丰富了规章制度的内容，使之更全面化、科学化。

第二，学生管理与思想政治教育的关系。在强调管理工作重要意义的同时，我们不可忘记思想政治教育的重要保证作用。任何只强调严格管理而忽视思想政治教育，或只强调思想政治教育而置照章管理于不顾的做法，都是片面的，不可取的。因为管理也是教育的一种手段，教育又能保证管理的推行和实施，所以只有把严格管理与思想政治教育有机结合起来，才能使学校工作真正走上井然有序的轨道。这已为实践所证明。

第二节　高校学生管理的指导思想与原则

一、高校学生管理的理论根据和指导思想

研究我国高校学生管理，主要应注意运用以下几个方面的理论观点和指导思想：

（一）坚持马克思主义关于人的全面发展的理论，培养有理想、有道德、有文化、有纪律的全面发展的高级专门人才，是我国社会主义大学的根本任务

做好研究工作首先要解决"为谁培养人"和"培养什么人"的问题。我国社会主义大学的性质决定了我们必须确保学校培养出来的毕业生，不仅要有扎实的科学文化知识和健康的体魄，而且必须具有高度的社会主义觉悟，也就是要有理想、有道德、有文化、有纪律。要培养这样的新人，就必须按照马克思主义关于人的全面发展的教育思想办教育。马克思主义教育思想的核心就是关于人的全面发展的学说。培养德、智、体全面发展的建设者和接班人的教育方针，是马克思主义这一理论精髓的具体运用。

（二）运用马克思主义关于辩证唯物主义的理论，用对立统一的观点指导高校学生管理，在管理中坚持整体观

马克思主义辩证唯物主义哲学是一切社会科学和自然科学的理论基础。马克思主义的认识论和方法论，渗透于所有社会科学和自然科学之中，所以，也同样渗透于高校学生管理科学之中，要运用对立统一的观点，坚持管理的整体观。在纵向上，坚持整体观就是局部与整体的统一，从学生管理工作的整体系统看，组成这个有机整体的各部分又都是一个支系统，是局部。学生管理系统的整体功能是由各部分的组合形式决定的，虽然支系统都各具有特定的功能，但它们都应服从于学生管理系统整体的目的和功能，各个支系统的要素都是为了整体目的而建立的。在横向上，坚持整体观就是处理好各支系统之间的分工与合作的一致性，把各部门都协调到为培养全面发展的人才这一共同的管理目标上来。

（三）运用高等教育和现代管理科学理论指导高校学生管理，使大学生管理科学化

现代治校观念要求我们靠现代科学来管理学校，管理学生。具体说来：

一要靠教育科学，要遵循教育的外部规律与内部规律办事。比如高等教育的规模为一定的经济基础所决定，反过来又作用于一定的经济基础。高等院校作为高等教育的主要载体和平台，人才、资源、市场面临着越来越激烈的竞争，理念、体制、结构也面临新的变革和调整。高校要准确把握社会脉搏，直接面对市场办学。大学生管理也要研究新情况，

解决新问题，面向 21 世纪培养高素质的复合型人才。

二要运用现代管理科学的理论与方法进行管理，使学生管理队伍的组织机构严密，管理制度科学，人员分工合理，职责范围明确，奖惩分明，动作协调，工作高效等。运用现代管理科学指导学生管理主要是运用它的基本原理：系统整体性原理、要素有用性原理、动态相关性原理、人的能动性原理、规律效应性原理、时空变化性原理、信息传递性原理、控制反馈性原理等。我们应在管理实践中力争使管理组织系统化、管理决策科学化、管理方法规范化和管理手段现代化。

（四）继承和发扬我国 70 多年来高校学生管理的成功经验

中华人民共和国成立 70 多年来高校学生管理工作的成功经验是当今学生管理工作的宝贵财富。

第一，社会主义大学必须坚持中国共产党的领导，坚持社会主义方向，这是我国 70 多年来办大学的一条基本经验。坚持党的领导就是用党的路线、方针、政策作为社会主义大学管理的基本指导思想，就是要确保社会主义大学的社会主义方向，调动全校师生员工的积极性，为培养德、智、体全面发展的高级专门人才努力奋斗。坚持社会主义方向，是由我国大学的社会主义性质所决定的，一切管理工作都要根据党的路线、方针、政策去组织、实施。各项规章制度的制定都要有利于坚持"一个中心、两个基本点"，有利于调动广大师生员工的社会主义积极性，这是衡量管理功能与效益的基本点。

第二，管理工作规范化、制度化，即把符合社会主义方向的，又经过实践检验比较成熟的民主管理和科学管理体制、程序、办法用制度形式固定下来，使工作形成规范，其中心点是责、权、利相结合，使制度的思想性和科学性统一。

第三，坚持理论联系实际的原则，面向社会实践，实行教育与生产劳动相结合。社会主义大学培养的人才，必须适应社会主义市场经济的需要，在思想上有高度的社会主义觉悟和共产主义献身精神，在业务上不仅要有理论知识，而且要有较强的分析问题和解决问题的能力，要有实干精神和较强的独立工作能力。

二、高校学生管理的原则和基本方法

原则是对客观规律的反映，是观察问题和处理问题的准绳。

社会主义学校管理学的原则是学生管理的内在关系的规律性的反映，不是任何人随心所欲创造的。在学生管理工作中，管理原则处于承上启下的关键地位，是管理目标和实现管理目标的手段之间的中介，它是学生管理工作中管人处事所依循的法则，是采取有效手段进行管理活动的基本要求。管理原则和管理目标、管理过程、管理方法、管理制度、管理者之间都有密不可分的关系并处于指导地位。

（一）高校学生管理的基本原则

社会主义大学学生管理基本原则是根据学生管理工作的目的、任务和培养学生成为社会主义合格人才的客观规律制定的，它制约和指导着其他个别和特殊原则。

1. 学生管理工作方向性原则

管理是一种有目的的活动，管理工作必然具有方向性。以坚持社会主义方向为准绳，这是我国学生管理工作的一个本质特点。我国是社会主义国家，自然要使高等院校成为社会主义性质的育人场所。社会的性质制约着学校的性质，进而决定学校一切管理工作的性质，因此我们的高校学生管理工作，作为一种有目的、有意识的自觉活动，必须坚持党的领导，坚持社会主义方向，为社会主义现代化建设培养造就大批合格人才，这是高校学生管理工作必须遵循的一条最基本、最重要的原则。

2. 理论与实践相结合的原则

理论与实践相结合，坚持实践是检验真理的标准，这是马克思主义的基本原理，也是高校学生管理的基本原则。准确领会和掌握马克思主义相关科学及各种管理原理，把握它们的精神实质，这是搞好学生管理工作的前提。但是，管理原理的应用价值和范围，是受不同学校、不同管理对象和管理者水平等因素制约的。党和国家在社会主义现代化建设阶段有着基本的教育方针和政策，在各个不同发展时期，针对不同特点，又提出一系列具体的方针、政策和要求。这些方针、政策和要求，应当体现在各高校学生管理的具体措施、方法之中。但是科学的学生管理必须从本地区、本校、本专业、本年级学生的具体情况出发，从学生的素质、兴趣、爱好和青年的生理、心理特点等出发，制定出相应的方法和措施。

3. 行政管理与思想教育相结合的原则

培养学生的共产主义思想品德，既需要耐心细致的说理教育，也需要坚持不懈的行为训练，使学校的教育要求变为学生的行为习惯，否则，教育的效果就不会巩固。学生良好行为习惯的训练和培养，离不开科学的管理，没有合理的规章制度、行为规范，思想政治教育就会空乏无力。行政管理在培养社会主义合格人才的过程中具有不容忽视的作用，它为教育工作提供规范、准则和纪律保证，但是具体的大学生管理是通过规章制度、行为纪律对学生的思想行为进行科学指导和制约。这些制度、措施、纪律表现为社会与学校的集体意志对大学生的要求，表现为对大学生行为的外在限制，因此，想单纯地运用管理制度去解决学生复杂的精神世界问题，是违背教育规律和不切实际的。社会主义高校对学生进行管理的措施的制定与实施，必须以提高学生的认识能力，培养学生自觉遵守规章制度的自觉性为前提。自觉的纪律源于正确的认识，离不开正确的教育，我们只能通过科学而有效的思想教育，帮助学生提高执行纪律的自觉性，这样才能真正实现管理的效能。

4. 民主管理原则

社会主义高校学生管理工作的一个重要方面，就是要培养学生自我控制、自我管理的能力，激励学生在管理中的主动意识和主人翁态度，充分调动学生自我管理的内在积极性。因此，社会主义学校学生管理工作坚持民主管理的原则是符合整体管理目标的。

从大学生的心理特征看，他们处于心理自我发现期，这一时期他们产生了认识和支配自我、支配环境的强烈意识，他们的思想和行为表现为明显区别于中学生的相对独立倾向，希望自己的意志和人格受到外界更多的尊重。对学校制定的规章制度、行为纪律他们会思考其合理性，一般不希望被动地处于服从和遵守的地位，而是要求参与管理。根据社会主义大学的学生培养目标和学生的心理特点，我们在管理工作中应充分发扬民主，把学生看成既是管理对象同时又是管理主体。

在实行民主管理时，我们应注意发挥党团员学生的作用，重视学生干部的选拔与培养，这是调动学生中的积极因素，实现学生民主管理的重要任务之一。

（二）高校学生管理的方法

高校学生管理的方法是根据其管理原则，为实现大学生培养目标而在德、智、体及其他方面所采取的具体方式、步骤、途径和手段。一般有以下几种方法：

1. 调查研究

对学生的情况，要经常调查、了解、掌握，及时采取相应的措施处理。调查研究时要对调查对象、目的、方法做认真规划，不能临时应付，草率从事。调查中不带框框，坚持实事求是，不能以上级单位或某人的指示、意见为结论，到下面寻找材料佐证。在调查的基础上还要用马克思主义立场、观点、方法，对调查材料、调查事物进行分析、综合、研究。

2. 建立规章制度

在大学生管理中逐步确立一系列科学的管理制度，这是大学生管理的必要方法。制度要符合大学生身心发展特点，符合教育规律和德、智、体培养目标的要求。制度既要随着教育的发展而不断完善，又要有其相对的稳定性。

3. 实施行政权限

按照学生管理的目标、内容制定一系列规章制度、执行措施和学生行为规范，用行政方法进行管理，并通过相应的管理部门及其人员和师生员工实施检查监督，从而使学生集体或个人的活动达到管理的目标要求。行政方法包含褒扬和惩治两个方面，对遵守管理制度、行为符合规范的集体和个人，应予以表扬；对违反管理制度、行为不符合规范的集体和个人，要有明确的限制措施，并用严格的制度约束其中的特别恶劣者。

4. 适当运用经济的手段

经济手段是行政方法的补充。在学生管理活动中，对学生给予必要的物质奖励或惩罚，就是经济的手段，采用经济手段并不意味着行政方法不足以保证管理实施，而是因为直接触及学生的物质利益，它起的作用是行政方法难以替代的。我们用经济手段进行学生管理时，要注意防止一种倾向，即只重视用经济手段去奖惩，而忽视日常的教育和引导，忽视行政管理的作用，同样不能只重视用经济手段奖励优秀学生，而忽视用同样手段处罚违纪学生，或者只重视处罚而忽视奖励，导致不能发挥经济手段的作用。

第三节　高校学生管理的历史与基本经验

一、高校学生管理的历史沿革

（一）我国古代大学生管理

大学生管理是伴随着大学的产生而出现的。我国古代的高等学校萌芽于殷商时代，当时大学叫"瞽宗""右学"，其对学生的入学年限、资格都做了规定。《礼记·学记》记载了国学大学九年的规定，入学资格、年龄依贵贱而定：王太子 15 岁入大学，公卿大夫之嫡子 20 岁入大学。汉代首建"太学"，它是中央的最高学府，我国以传授知识、研究专门学问为主要任务的大学是从此开始的。唐代除"太学"外还有国子学、四门学，确立了实科教育，这是我国封建教育最发达的时期。"太学"的招生，一是由"太常"直接选送，二是由郡、国、县、道、邑选送。标准是德才为主，亦重仪表，一般有年龄限制，但对聪颖超常者则放宽入学年龄。"太学"正式学生有官俸，也可以自费求学。"太学"生毕业后主要经考试录用做官，也可被荐举做官。古代大学入学资格有鲜明的等级性，如唐代规定国子学须文武三品以上官吏子孙，太学须文武五品以上官吏子孙，四门学须文武七品以上官吏子孙。当时学校初步建立了学制规定，如升级与退学规定、考试作息规定。

宋、元、明、清称大学为"书院"。宋朝以后学生管理的学规学则、奖惩制度不断严格，增设了专门管理学生品行的人员与机构。如元朝专设"学正""学寻"管理学生，规定其职责是"申明规矩，督习课业"，还建立"黜罚科条"，对"应私试积分生员，其有不事课业及一切违戾规矩者，初犯罚一分，再犯罚二分，三犯除名"。到明朝学生管理又前进一步，如国子学的学生可享受优厚的膳食，每年发给一定的衣服、鞋等，节日还有赏钱，还发给探亲费用，但"黜罚科条"更多了，诸如外出衣冠、行动、饮食等方面都必须合乎规范，夜间必须在学校住宿，因故外宿必须告知本班教官。监丞掌管"集愆簿"，记录学生姓名与犯规事实，再三犯规者"决责"，四犯者"发遣安置"。因省亲、婚姻回籍者，依途远近规定期限，过期不返校者，即给以流放远方充贱役之处分。清朝时期国子学又明文规定：学生旷大课一次或无故离校三次以上，罚由内班改为外班；学生出入必记于集愆簿，以此为依据惩治不服教导或违章者；学生省亲、完婚、丁忧、告病及居伯、叔、兄长丧而无子者，准假归里，限期回校，迟误限期则予以惩罚；私归者黜革，冒名顶替者除名。

无论哪个朝代，对学生管理的要求，都包含着深刻的思想内涵。如在春秋战国时期，已有当时学校对学生的学则的集录，体现了学生管理的初步思想，如其中的"行必正直，游居有常"，"夙兴夜寐，衣带必饰"，"出入恭敬，如见宾客"。宋、元、明、清时的大学和书院等。明末"东林会约"中提出学生要"指视森严""正肃习气"，不准"比眠狎玩""党同伐异""假公行私""评论是非""多言人过"等。

我国古代的大学生管理，一方面深深打上了奴隶制和封建制的烙印，另一方面也为我们留下了可借鉴的历史经验，如春秋战国学术上的"百家争鸣"，宋、元、明、清时的大学和书院的自学府等，所有这些无疑影响着我国近现代的大学生管理实践。

（二）我国近代大学生管理

19 世纪 90 年代京师大学堂的建立，开启了我国的近代高等教育。

鸦片战争以后，清王朝为了维持其行将崩溃的封建统治，同意兴办"西学"。在这个过程中，学生管理的思想也发生了变化，以康有为为首的维新派，促使清帝废除"八股"，改革科举制度，宣布以后取士以实学实考为主，不以楷法优劣为取舍标准。光绪三十一年（1905 年）清廷下令"自丙午年为始，所有乡试、会试一律停止，各省岁科考试亦即停止"，从此中国封建时代的教育制度在形式上完全结束，新的教育制度得以建立。

中国的洋务派创设的一系列学校，使学生管理体制产生了新的变化。洋务派兴办的学校有京师同文馆、上海同文馆、广州同义馆、湖北自强学堂。京师同文馆规定：入学的学生必须具有科名，如举人、贡生，及由此出身的五品以下各官，年龄在 30 岁的才能入学，若对天文、算术有研究者可不受年龄限制；学生的伙食、书籍、纸笔由馆内供给，考试优等者有奖；学生一律住宿；学生每月有月考，每季有季考，还有岁考，月考、季考两天考完，岁考三天考完，每三年举行大考一次，优等的保升官阶，次等的留馆继续学习，劣等的开除。湖北自强学堂在学生管理中规定：学生寄宿在外，不必逐日到学堂听课，只按月来学堂考试；学生的伙食、书籍、纸笔由学校供给，每月发一定补助费；学生学习五年毕业，若有毕业前借故退学或改学其他业务的，追缴其在学堂学习的全部费用。这一时期的学生管理方法主要是以下五个方面：①学校具有学生登记册，记录学生基本情况，为管理提供依据；②对调皮捣蛋、教诲不改的学生清除出校；③分期考试以稽勤惰，限年考试以定优劣；④规定作息学习制度；⑤奖惩分明。

清代晚期的张百熙制定了《钦定学堂章程》，主张设立"学务部"编定学制，这是中国近代第一个高等教育管理章程。

（三）我国现代大学生管理

1922 年"新学制"的颁布，是我国高等教育进入现代大学阶段的标志。"新学制"（即"壬戌学制"）规定：中小学为六三制，初中三年，高中三年，大学四至六年，医科及法科至少五年，师范大学四年。这一学制一直沿用至 1949 年，其间作过三次修改，但基本体制却是这一时期奠定下来的。

这一时期，出现了一批杰出的教育家，如蔡元培、李大钊、鲁迅、陶行知、竺可桢等。在学生管理方面，他们强调发展学生的个性，实行民主办校、民主管理；对学生要重理解，"倘不先行理解，一味蛮做，便大碍于孩子的发达"；重指导，"长者须是指导者、协商者，却不该是命令者"；要求学生追求真理，注重实际。人民教育家陶行知先生提出，"不会种菜，不算学生"，极力主张教育要与实际相结合。这些思想与主张，对我们现在的学生管理仍有着积极的参考意义。

中华民国期间大学招生出现新制度。1939 年教育部制定并公布《国立各院校统一招生办法大纲》，明确规定教育部设统一招生委员会，进行统一招考，录取后统一分到各高等学校。

在学生成绩考核及升留级管理制度方面，教育部于 1940 年制定专科以上学校学生考核办法：学生每学期末均要参加考试，学期考试成绩与平时成绩合并计算；学期考试不及格的，给一次补考机会，但成绩不足 40 分的不得补考应重读；如不及格科目学分数超过该学期所学学分总数的三分之一的令其留级，超过二分之一的令其退学；毕业考试实行总考制，除考试最近一学期科目四种以上外，并须通过以前所学主要科目三种以上，不及格者不得毕业。

1941 年教育部又发布专科以上学校学籍管理规则 128 条，并对考试与升留级做了一些补充规定：专科以上学生的成绩分操行成绩与学业成绩两项，操行成绩不及格者，应令其退学或不予毕业；凡考察学规，选录毕业生。该章程共分三段七级，学期不及格科目学分数超过该学期修习学分总数的二分之一以上者，应令其退学，不得补考；毕业考试不及格的科目，可以补考，补考仍不及格，令其重读。

组织纪律管理方面，1930 年教育部公布《学生自治会组织大纲》规定学生组织须经当地国民党党部批准，活动限于校内，不得干预学校行政。国民党政府行政院亦发布《整顿全国学风》的通令，发表蒋介石的《告诫全国学生书》，要学生"禀古人思不出其位之训诫"。1938 年的《青年训练大纲》规定信仰训练就是训练青年信仰和服从"领袖"，同年又成立"三青团"。这些规定、规则都是为了控制学生行为，稳固国民党反动统治。

在革命根据地，中国共产党为了造就党和军队的干部队伍，先后创办了红军大学、抗日军政大学、华北联大、人民革命大学等学校。这些大学的阶级属性和培养目标决定了学生管理的指导思想：一是在中国共产党领导下以共产主义思想体系为指导方针；二是教育方针必须是为革命战争和阶级斗争服务的，并和生产劳动相结合；三是必须创立新型的教育体制，创建新的教学制度；四是贯彻党的群众路线，采取多种形式办学。

由于革命斗争需要及环境条件限制，学生入学资格和学制年限随革命战争需要而改变。如土地革命战争时期，中央人民委员会在瑞金沙洲坝创办苏维埃大学，毛泽东亲自兼任校长，学生的入学资格规定必须有半年以上革命工作经验并是积极参加革命斗争者，学习期限为半年。抗战时，延安的抗日军政大学着重训练高级军事干部，它的一二期的学生大多是各军的骨干，学习期限一般为 2 至 6 个月。

二、高校学生管理的基本经验

中华人民共和国成立 70 余年来，我国大学生的管理工作经过了一段曲折的历程。当对大学生的管理从我国的实际情况出发，又遵循管理的基本原理时，我们的管理就成功，而当我们受到"左"的或右的倾向的干扰，违背了管理的基本原理时，就出现管理的混乱。这些成功的经验和失败的教训，特别是近十年来的管理改革探索，使我们大学生管理逐步走上了科学管理的轨道，总结这些正反两方面的工作实践，高校学生管理取得了一些基本的经验，概括地说有以下几点：

第一，高校学生管理必须紧紧围绕我们的培养目标，这就是要为培养社会主义的建设者和接班人服务。大学生管理作为一种手段，它是为实现我们的教育方针服务的，离开了这个大的目标，我们的一切管理都是徒劳的，甚至还会走向反面。从这个意义上来说，大学生管理更需注重目标管理，在管理中体现我们的引导、灌输，使我们培养的人才符合社会主义建设事业的需要，从而保证教育方针的贯彻。社会主义政治、经济制度在我国的确立，决定了我国教育的社会主义性质。社会主义教育同以往封建主义、资本主义教育有着本质的不同，集中表现为坚持党对教育工作的领导，坚持教育为社会主义现代化建设服务，教育与生产劳动相结合，培养德、智、体、美、劳诸方面都得到发展的社会主义建设者和接班人。高校的工作应把培养什么人的问题放在第一位，大学生管理工作当然不能例外。但是，在一段时间里，不少学校经常出现偏离这个目标的现象，这造成了管理的混乱。

第二，高校学生管理必须遵循教育规律，建立健全一整套科学的管理制度，作为管理科学的分支，大学生管理理所当然地要注意吸收国内外创立的关于管理科学方面一切有用的经验和理论，以利于我们实现管理的基本目标。同时我们也必须看到，对于大学生管理来说，它具有自身的特殊性。我们的管理对象是大学生，大学生不只是体现了人的要素，而且他们是个受教育者，他们既不同于中学生，也区别于走上工作岗位的干部，因此，对大学生的管理又必须遵循教育规律，必须按教育学、心理学揭示的科学规律来进行管理。诸如大学生智育与德育、体育的关系问题，知识的获得与能力的发展问题，课堂教学和社会实践关系问题等。在心理学方面，要重视和研究大学生的注意、感觉、知觉、记忆、思维、想像、情感、意志、气质、性格、能力等心理活动，使我们的管理把握大学生的心理状态，使我们的管理更切合实际。我们应该看到，当代大学生一方面希望成才，渴求理解，而另一方面，他们往往脱离实际，缺乏实际工作能力，我们的管理就应该体现它的针对性和有效性。一些高校开展大学生心理咨询活动，无疑是加强管理的一项有效措施。科学的心理咨询，可以排除大学生的心理障碍，引导大学生正确地思考和观察问题，防止一些不幸事件的发生，使一些矛盾和问题解决在萌芽状态。这些管理都是教育学、心理学及有关科学综合运用的成果。

管理作为一种手段，它主要是借助于各种规章制度、办法来实现其目标。科学的管理从本质上讲是法治，依法治理，管理的许多原理就是通过这些规章制度、办法使之具体化而加以落实的。就大学生管理来说，建立一系列德、智、体及日常生活各方面的管理制度，就是一种约束和规范，把全体学生的思想、行为引导到我们的培养目标上去，我们常说管理也是教育，正是通过这些管理制度来实现的。

要建立一套管理制度，首先必须体现它的科学性。它包括这套制度要符合客观的实际情况，符合事物发展的规律。要建立大学生的管理制度，就必须认真进行调查研究，要了解大学生，我们的制度既要符合大学生的实际状况，又要体现我们的培养要求，有它的可行性。有些制度还需考虑本地区或本校学生的具体情况，制定各项制度必须从实际出发，实事求是，理论要联系实际。其次，作为制度必须有可操作性，什么该做，什么不该做，做了又如何检查，都有明确条目，这样就会便于执行和贯彻。所谓有法可依，就是按规章办事。在这方面，我们特别要重视制度的配套建设。如我们实行贷学金制度，一方面允许学生借贷，另一方面也需提出如何收回贷学金的办法。只有制度配套，可操作，才能真正达到管理的目的。再次，我们建立的制度必须体现它的稳定性。管理制度难免有其不完善的地方，但应尽量保持其稳定性，随着时间的推移和实践经验的总结，可作适当的调整、完善。

教育部公布的《大学生行为准则》和《普通高等学校学生管理规定》等都是总结了长期以来大学生管理的经验而制定的基本要求或法规，有了这些规定，我们就可以照章办事。当然，在执行中，我们还必须结合本地区、本校的实际，对有些原则的规定加以具体化，提出实施办法。

建立起规章、制度、办法后，必须强调严格执行，要定期地进行检查和反馈。有法不依，不仅影响了这些法规的严肃性，而且降低了执法者的威信，是极其有害的，它必然导致管理的混乱无序。

第三，高校学生管理必须建立一支训练有素的管理队伍。科学、完善的管理制度，需要管理者去制定和执行，建立一支训练有素的管理队伍是搞好大学生管理的关键和根本保证。我们应该看到，近几年来大学生管理队伍不断地得到充实和加强，但在大学生管理队伍中还存在着不少模糊的认识，主要反映在，一是认为大学生管理只是些琐碎的事务性工作，而不认为它是一门科学，同样有许多课题需要研究，因而工作水平只停留在处理具体工作上，缺乏深入的理论研究；二是大学生管理面广量大，工作繁重，不如教学工作专一，远不如当个教授、讲师实惠；三是管理队伍待遇问题解决得不好，职称评定难度高，进修、出国机会少等。所有这些都导致大学生管理队伍不够稳定，这一定程度上影响了管理的效能。要提高大学生管理水平，首先必须提高管理者的素质。大学生管理者应该是专业人才，特别是管理理论成为一门迅速发展的学科后，管理工作需要有管理理论和管理技能的专门人才，那种称管理者是"万金油"的陈辞必将被抛却。因而大学生管理队伍成员必须不断学习、进修，在实践中理论联系实际，不断地提高。同时，作为管理者既是管理职权的拥有者，也应是热情为大学生工作的服务者，是大学生的良师益友。一方面以自己良好的政治品质和道德品质来影响学生，对大学生进行宣传、激励、培养、训练，其言论、行为都具有潜移默化的教育作用；另一方面，也正是通过完成任务、实现目标来为大学生服务。大学生管理者不仅应该懂得管理学，还应懂得教育学、心理学、公共关系学、文学、美学等。此外，他们还应加强自身能力的培养，包括组织能力，对大学生做思想工作的能力，调查研究、独立解决问题的能力。

大学生管理不是单个管理者的孤立行为，而是多序列、多层次管理者集体的协同活动。大学生的管理面广量大，从招生、培养到毕业分配，各个环节都以学生为中心，因此必须形成一股合力。在这方面，教师通过教书育人具有特殊的感染力，因此，专业教师也应是大学生管理队伍中不可缺少的一员，只有多方位的不同层次的教育，管理才能更严密，更有效。二十世纪五六十年代实行的教学业务工作和思想政治工作"双肩挑"的经验还是行之有效的，有条件的学校可以继续推广。

要加强和稳定大学生管理队伍，学校除了在政治上关心、在业务上给予提高、明确岗位职责、严格要求外，在生活上和其他待遇上也应给予关心和落实，包括分房、提职、定级、评聘专业技术职务等都应与专业教师一视同仁，使他们能更专心致志地搞好本职工作。

第四，高校学生管理必须学校各部门齐抓共管。毛泽东同志早就指出："思想政治工作，各个部门都要负责任。共产党应该管，青年团应该管，政府主管部门应该管，学校的校长教师更应该管。"思想政治教育工作是这样，大学生管理工作同样如此，需要学校各部门齐抓共管，形成合力。我国的大学与资本主义国家大学不同之处之一是对大学生的管理更为全面，除了学习之外，还包括生活上的管理，从行政管理、教学管理、课外活动管理到后勤管理都是大学生管理的重要内容。因此，必须改变大学生管理只是行政管理部门的事的认识，更不能认为其只是一些辅导员、班主任的事，齐抓共管是由我们高校的培养目标所决定的。管理育人、教书育人和服务育人是全面管理大学生的经验的总结，也是学校的根本任务。

要做到齐抓共管，学校不仅应在认识上，而且在组织上也要加以落实。有些高校建立的定期的学校各部门联席会议制度或学生工作领导小组等在协调学生管理等方面都起了积极的作用，收到了较好的效果。

第五，在高校学生管理中，应处理好以下几个关系：

（一）管理与育人的关系

大学生的管理是为了实现我们的培养目标，采用有效的手段对各种因素（包括人、财、物、事、时空、信息）实行最佳结合（包括计划、组织、协调、控制等），以达到最大功效的过程。从这个意义上讲，管理的目的就是育人，只是它不是通过教学的形式或主要不是通过教学的形式，而是通过一种规范和行政手段，因此在某些方面，它通过带有强制性的措施来实现育人的目的。

在管理的同时，必须宣传为什么要这样管理，并有具体的教育内容。单纯的事务性管理不可能达到育人的目的，至于不切实际的管理，该管的不管，不该管的管头管脚，对于育人也是不利的。对大学生的管理主要是通过管理者来实施的，因此，管理者要对其本身的一言一行严格要求。管理者只有严于律己，起到为人师表的作用，才能达到育人的目的。

（二）严格管理与法制的关系

管理在许多方面是通过制定各种规章、制度、办法来实现的，这种规章、制度、办法本身是管理的一种形式，符合学校实际的一系列制度本身就体现了严格管理的精神。但在我们日常工作中，常常一时强调严格管理而置自己所制定的制度于不顾。就以学生违纪处理而言，从警告、严重警告、记过、留校察看、退学到开除，每种处分都有一定的内涵，它本身体现了错误的程度和党的政策，也体现我们教育机构的基本职能。但我们也曾见过有些学校平时对违纪学生教育不够，到时算总账，或当强调严格管理时就一下子连跳几级，本可严重警告的就给予退学，甚至开除，这种失度的处理不仅达不到教育的目的，而且破坏了自己制定的制度。我们认为严格管理首先应该是严格执法，按制定的法规处理，要严得适度，要体现教育部门的教育功能。当然，对于不完善的制度，不能体现严格管理精神的，也应从实际出发进行修订，使之完善。

（三）管理的主体与客体的关系

管理总是有管理者与被管理者两个方面，也就是管理的主体和客体两个方面。从大学生管理来看，一方面是学校——管理者，另一方面是大学生——被管理者，要实行有效的管理，不仅应体现在管理者的严格管理，也应体现在被管理者的严格守法上。校方与大学生在管理上是既有不同又有相同之处的，只有学校的严格管理，没有大学生的积极配合，这种管理是脆弱的。以教学管理为例，学生旷课50节就要退学，这是从保证教学质量的角度制定的办法，但如果没有学生的认真配合，学生上课考勤记载马虎，即使缺课再多也无从处理。学生只有充分认识了制定的法规的重要性，才能更好地配合校方加强管理。

（四）从严管理与思想政治工作的关系

我们是社会主义的高等学校，管理工作与思想政治工作既有分工，又必须相互配合，有机联系。只讲严格管理，只会按惩罚规定对号入座而忽视做思想政治工作，或者相信思想政治工作万能，置必要的行政手段于不顾的做法，都是片面的，都难以达到预期的目的。在这方面，我们也有许多经验教训可以总结。管理工作者既要看到我们在思想政治工作方面的优势，又必须理直气壮地依法照章办事，二者不可偏废。

总的来说，我国大学生的管理积累了一定的经验，有些方面经过正反两方面实践的证明，是体现了科学管理的精神的，我们应该坚持和发扬。随着改革开放的深入发展，在大学生管理方面还会出现一些新问题需要研究，我们将本着科学的精神，进一步探索大学生管理的经验，把我们的管理水平提到新的高度。

第二章 高校学生管理制度及管理体制

第一节 高校学生管理制度

在我国古代，制度是法令、礼俗的总称。现在，制度通常是指关于整个社会组织或某一事项的整套的行动准则。

管理这种职能活动，是伴随着人类社会有组织的活动的出现而产生的。凡有人群活动的地方，为了有序而又有效地组织生产、学习、工作和生活，必须制定出能够调整人们相互关系的行为规范或行动的准则，这既是管理的需要，又是管理职能的具体体现。高校学生思想政治教育和管理制度，是高校学生的行为规范，因此，建立一套系统而完整的高校学生思想政治教育和管理制度是十分必要的。

一、建立高校学生教育和管理制度的意义

我国高校的规章制度，是党的优良传统和社会主义道德观念、行为观念、行为规范（即国家法规）、是非标准等在高校学生日常工作、学习和生活等方面的具体体现。它是全体学生必须遵守的行为准则；是培养自觉的纪律性，培养共产主义道德品质和形成良好校风的重要手段；是实行科学管理，办好社会主义大学的重要保证。所以建立高校学生思想政治教育和管理制度，对办好社会主义大学具有特别重要的意义。

（一）有助于充分发挥学生的积极性

社会主义大学，肩负着培养社会主义事业的建设者和接班人的历史重任。为了完成这一光荣使命，就必须建立起符合大学教育工作客观规律、符合现代管理原理、充分体现党的优良传统和社会主义道德观念和行为规范的系统的高校学生思想政治教育和管理制度，使每个大学生都懂得应当做什么，不应当做什么，应该怎样做，不应该怎样做。这样，就能把全校学生的积极性发挥出来，形成一种远比个人力量总和大得多的集体力量，办好社会主义大学。

（二）有助于建立正常的学习、工作和生活秩序

现在的大学，少则上千人，多则上万人，而且是一个多层次、多科学、多系统、多结构的复杂的综合体。高校学生工作专职人员要把每个成员的智慧和力量最优化地组合起来，就必须在加强政治思想工作的基础上，建立起一整套的规章制度，使学生有规可循，有矩可蹈，做到学习、工作和生活井然有序。

（三）有助于培养学生高尚的道德品质，形成良好的学风

党中央曾多次郑重指出：我们在建设高度的物质文明的同时，一定要努力建设高度的精神文明。社会主义的精神文明，是社会主义的重要特征，是社会主义制度优越性的重要

表现。思想建设决定着精神文明的性质，因此，培养学生具有马克思主义的世界观，共产主义的理想、信念和道德，有为人民服务的献身精神和共产主义劳动态度等，也就是在建设社会主义精神文明。高校学生的管理制度对培养学生高尚的道德品质和良好的学习、工作及生活习惯，无疑是意义重大的。高校学生思想政治教育和管理制度一经制定，就要求每个学生严格执行，反复践行，日积月累，相沿成习，这样才能培养同学们高尚的道德品质，帮助他们形成优良的学风。我国有许多重点大学，都以校风好而闻名，这是与有一套符合教育规律的切实可行的规章制度紧密联系在一起的。

二、建立高校学生教育和管理制度的基本要求

建立高校学生思想政治教育和管理制度必须符合以下要求：

（一）政策性

政策性是指高校学生思想政治教育和管理制度必须同党的路线、方针、政策和体现党的路线、方针、政策的国家的法律、法令、条例、决议、指示、规章、规程，尤其是党和国家的教育方针保持高度一致，而不能有丝毫背离。

党的路线、方针、政策和国家的法律、法令、条例、决议、指示、规章、规程等，是一个国家总的行为规范，是指导全局的，是制定高校学生思想政治教育和管理制度的依据，高校学生思想政治教育和管理制度则是党的路线、方针、政策和国家法律在高校学生日常学习、工作和生活诸方面的具体化。局部必须服从全局，否则，就会迷失方向。

（二）整体性

按照现代管理学观点，国家是一个系统，教育是隶属于国家的子系统，学校是隶属于教育的子系统，学校各部门是隶属于学校的子系统。系统是有组织、有层次的，各组成部分都是为了一个共同目标而形成的有机整体。高校学生工作专职人员必须树立全局观点，正确处理局部与全局的关系，正确处理学生的学习和课外活动的关系，以及团组织与学生会工作之间的关系等。在处理各种关系时，必须使整个系统处于协调状态，才能发挥整体的最佳功能，达到教育管理的最佳效果。

（三）民主性

民主性，是指高校学生思想政治教育和管理制度必须符合广大同学的根本利益，并获得广大同学的积极拥护和支持。我国是社会主义国家，人民是国家和社会的主人，党和国家的一切政策、法令都是以是否符合广大人民群众的根本利益，是否获得广大人民群众的积极拥护和支持为最高标准的。一切损害人民群众根本利益的政策、法令或行为，必将遭到人民群众的坚决抵制和反对，失去立足点。

学生是管理的对象，又是管理的主体，在制定规章制度时，必须从群众中来，到群众中去，广泛听取意见，做到集思广益，紧紧依靠广大同学把教育和管理工作做好。

（四）科学性

科学性，是指高校学生思想政治教育和管理制度必须符合高等教育的客观规律。任何领域都有其自身的规律，高校学生思想政治教育和管理也不例外，诸如教育和管理必须与

学生的年龄相适应的规律，思想政治教育中知、情、意、行活动过程的规律等。我们一定要认识和严格遵守这些客观规律，才能实行科学管理，充分调动各方面的积极性。同时，我们还要善于借鉴现代科学管理理论，不断总结高校思想政治教育和管理经验，把行之有效的传统管理经验与现代管理理论有机地结合起来，才能不断提高科学管理水平。

（五）教育性

教育性，是指高校学生思想政治教育和管理制度必须对学生起到教育作用，即能培养学生的社会主义道德观念、行为规范、思想品质和严谨、务实、开拓、进取的工作作风。这样，同学们既有章可循，又有进取的目标，充分发挥了规章制度本身的教育和激励作用。但是，必须指出，在规章制度制定和实施过程中，必须坚持政治思想工作领先的原则，把启迪、疏导作为一条主线贯穿规章制度执行的全过程中，这样，规章制度的教育性才能充分显示出来。如果忽视启迪、疏导等思想政治工作，规章制度就会流于形式，或成为束缚学生手脚的框框。

（六）严肃性

严肃性，是指高校学生思想政治教育和管理制度必须做到令行禁止，奖罚分明，对任何人都不例外，使同学的行为得到规范。在建立高校学生思想政治教育和管理制度时，凡应规范的都要规范，凡规范了的，各级学生组织和个人必须严格执行，不能朝令夕改，随心所欲。在执行过程中，严格按制度办，不能时宽时严，时紧时松，坚决维护其严肃性。此外，要注意凡属将来才能规范的或者要创造条件才能规范的，就一定要留待将来或条件具备了的时候再规范。只有这样，制度才能有相对的持续性。

（七）可操作性

可操作性，是指高校学生思想政治教育和管理制度尽可能做到量化，制定出符合教育、管理实际的科学指标，并用分值表现出来。这样，全体同学在实施的过程中能做到心中有数，自觉约束自己，在检查处理时也能避免主观随意性。如1990年国家教委颁布的《普通高等学校学生管理规定》第二十九条第一款规定，学生一学期或连同各学期考试成绩有3门主要课程或4门以上（含4门）课程不及格者，应予退学。像这样的规定，明确具体，在作处理时，既容易掌握标准，又不易出现差错。

上述基本要求，既有各自的独立性，又相互紧密地联系在一起。只有严格遵照这些基本要求而制定的规章制度，才是经得起实践检验而又有强大约束力和教育意义的法规。

第二节　大学生行政管理工作体制

建立一套完整的大学生行政管理工作体制是做好大学生管理工作的重要保证。

高校的整个行政管理体制是一个大的系统工程，而学生行政管理工作体制，只是整个系统工程中的一部分，或称为一个子系统。它的历史和现状、机构设置和权限划分、今后的发展趋势等，学者们过去研究甚少。今天，为了使整个学生行政管理工作能跟上形势的发展，适应实际工作的需要，我们有必要对学生行政管理工作体制作一初步的分析，以加强体制的建设，逐步提高学生行政管理工作的水平。

一、高校学生行政管理工作体制的历史与现状

（一）高校学生行政管理工作的内涵

为了正确认识学生行政管理工作体制的历史与现状，首先有必要正确地了解学生行政管理工作体制的内涵是什么。简单地说，体制包含机构设置与权限划分两方面的内容。学生行政管理工作体制，主要体现在学生行政管理工作的机构设置与权限划分两个方面。

在高校，学生行政管理工作是学生工作的一个重要部分，而学生行政管理工作又可分为：学生的教学管理、学籍管理、生活后勤管理、治安管理、课外生活和校园秩序管理等。因此，我们所讲的体制，不仅体现这些工作职能的权限划分，还应考虑为完成这些职能而建立的机构。所以围绕着对学生从入学到毕业的在校阶段的管理，围绕着对大学生学习、生活、行为规范而设置的机构与职能权限的科学划分，就是学生行政管理工作体制内涵的反映。

（二）高校学生行政管理工作体制的历史回顾

在1965年以前，高校基本上实行"一长制"，即高校的管理制度，包括学生行政管理制度，原则上与当时企业的"三级一长"管理制度雷同，学校是由校级、系级、年级（班级）三级组成，"一长"由校长、系主任、年级主任（班主任）在各级发挥管理职能，后虽几经反复，但在组织机构的设置上，基本上无重大变化。组织机构的基本形式是采取"直线职能参谋组织形式"。

当时，校级行政管理机构中，无独立的学生行政管理部门，每个行政处均兼有管理教职工和学生的行政职能。如：学生的教学管理，由教务处负责；学生的生活管理，由后勤系统的总务处负责；负责学校招生、毕业生分配的，各校又不尽相同，有的学校招生由招生办公室负责，有的由教务处承担；学生毕业分配，有的学校由教务处负责，有的学校由人事处承担；其他的学籍管理内容，包括奖励与处分，由教务处的学生科负责。

系级的学生行政管理机构，主要由系办公室负责履行行政管理职能。

年级（班级）无专门行政管理机构，主要由政治辅导员充当学校中最基层的行政管理机构的代表。他们融党政于一体，集教育、管理于一身，构成了学校最基层的学生行政管理机构。当然也有的学校在班级里配备了教务员，负责学生中的教学行政管理工作。当时高校虽无专门独立的学生行政管理工作体制，但已具有的各级机构兼管学生行政管理工作，承担各种职能权限，形成了适合当时需要的学生行政管理工作体制。

（三）现行学生行政管理工作体制的几种模式

随着教育事业的发展，学生行政管理工作的体制不断完善。"文化大革命"结束后，高考招生制度的恢复、高等教育事业的不断发展使高校的规模得到了扩大，高校的领导体制，包括学生行政管理工作体制也发生了变化。从高校学生行政管理工作体制的变化看，可归纳为四种模式：

1. 学生行政管理工作机构呈散在模式

学生行政管理工作，由学校各部、处及有关机构各司其职，行使行政管理的职能。这一模式，在校级、系级、年级（班级）二级组织机构设置方面，沿袭历史上的"直线职能

参谋组织形式"，一般来说，未增设新的行政管理机构。但在职能和权限划分方面，分权化的组织管理制度强化，促使整个行政管理工作能有规律、有节奏地顺利运转。

2. 学生行政管理工作机构呈专兼模式

学校建立了学生处，成为学生行政管理工作的主体处之一，而其他各有关部处，兼任有关学生行政管理职能，整个学生行政管理工作呈现专兼结合、齐抓共管的局面。

这一模式，在校级建立了专门的、独立的学生行政管理机构——学生处。系级学生行政管理机构设置，各校情况不一，有的学校在系部设立了学生办公室，专门负责学生行政管理工作，有的学校系部行政机构设置维持原状。在年级（班级）基层组织一级仍由辅导员（或班主任）负责管理，少数学校在年级设立了学生办公室。

目前，全国有许多高校采用这一模式，在校级设立了学生处。但在学生处的职能和权限划分方面却不尽相同，大体上有三种情况：

第一种情况：学生处不仅负责学籍管理的全部行政工作，还作为职能部门负责奖励与处分，配合有关部门负责课外活动、校园秩序的行政管理，并承担每年招生工作与毕业生分配工作。

第二种情况：学生处负责学籍管理中的大部分内容，还负责每年的毕业生分配工作，而招生工作则由招生办公室承担。有关学生的教学管理，如成绩考核与记载工作、升级与留降级工作等由教务处负责。其他的权限划分同第一种。

第三种情况：学生处除负责与第二种情况相似的职能外，还负责学生部分的生活后勤工作，如宿舍管理等。

3. 学生行政管理工作机构呈复合模式

学校在校级建立了学生部和学生处，部、处合一，实行"一套班子、两种性质"的工作模式，成为学生行政管理和思想政治教育的主体。

这一模式，有的大学在系部设立了学生办公室，主管学生行政管理工作和思想政治教育工作，有的大学视情况设立了学生年级办公室，负责本年级学生行政管理和思想政治教育工作。

4. 学生行政管理工作机构呈超部、处模式

学校建立了学生工作指导委员会或学生工作领导小组，委员会下设实体性的机构——学生工作办公室，办公室兼有协调、指挥各部处执行学生行政管理的职能和思想教育的职能。而各部、处在学生工作办公室的指导下，照常履行原来承担的有关行政管理工作的职能与权限。系与年级组织机构无重大变化。

上述各种模式，有两个共同的特点：一是管理机构的组织形式均采取"直线职能参谋组织形式"，二是分权管理形式增强。

二、目前高校学生行政管理工作体制几种模式的特点

目前高校学生行政管理工作体制，虽各种模式机构设置不尽一致，权限划分各有差异，但每种模式都有特点。

（一）学生行政管理工作机构的散在模式

这一类型的高校，多数是在校学生数不太多，校领导有较多精力关心学生工作，各级

学生行政管理机构干部配备较强，所以，它沿袭历史上我国高校学生行政管理工作体制，有如下特点：

1. 采取"直线职能参谋组织形式"

这一模式中，校长是唯一的行政负责人，有全面的领导和指挥权，对一切工作都负有全面的责任。各职能部门按照校长的要求，在业务上负有指导下属部门的权力和责任。各级组织在行政上相对独立，可充分发挥主动性。这样既保持了统一领导，避免了多头指挥，又充分发挥了各职能部门的积极性和主动性。

2. 分权管理制度加强

在新形势下，为了适应改革开放的要求，学校将有关行政管理权限下放，如学生行政处分权，记过以下的处分由系部执行；如学生的奖学金金额，部分的单项活动或班、系活动奖励及补助系部有权决定，这有利于调动各级组织的积极性，促进行政管理工作的运转。

3. 兼容一体，易于协调

这一模式无新机构设立，许多相关的相互交叉、相互渗透的工作，依然处于一个处室，如学生生活管理处于总务处，学生学籍管理的许多工作处于教务处，便于配合，易于协调。

（二）学生行政管理工作机构的专兼模式

这是从散在模式发展而来的，因此，它们之间特别在权限划分上有许多相似之处。由于在校级建立了学生处，在较大的系级建立了学生办公室，所以学校中出现了学生行政管理工作体系，同时，也明显地反映出以下特点：

1. 学生工作统筹安排，全面协调能力增强

专管学生工作的主干处——学生处对学生行政管理工作及有关学生工作情况负有全面关心、通盘考虑、及时汇总、向上报告及建议的责任，并能在校长领导下，在各行政部门工作出现矛盾、问题时及时参与协调。

2. 有利于队伍素质提高，稳定性增强

专管学生行政管理工作体系的出现，使学生行政管理工作机构、人员稳定性增强，方针、政策、规定的连续性加强，使工作方法的创新、理论研究的开展、工作经验的积累、管理人员的业务素质趋于上升势态。

3. 学生行政管理工作的应变能力增强

在新的形势下，学生行政管理工作不仅要有正确性、规范性，还应讲究时效性。建立了专管学生行政管理工作的体系，就能有一批长期专门从事学生管理的工作人员，能较正确地掌握党的方针政策，全面了解学生情况，遇事能及时向领导提供各种情况和选择方案，以利于领导准确决断。

（三）学生行政管理工作机构的复合模式

它由专兼模式进一步发展而来。由于学生处和学生工作部实现了两块牌子一套班子，因而它有一个明显的特点，即在组织机构上实现了学生思想政治教育和学生行政管理的结合，改变了长期以来行政管理和思想教育相分离的"两张皮"状况，学生的言和行、想与

做的教育统一在一个部门，学生的学籍管理、课外活动、校园秩序、奖励和处分等学生管理主要内容的执行，基本上是由学生处与学生工作部作为一个职能部门来承担。

（四）学生行政管理工作机构的超部、处模式

它既同散在模式相似，又同复合模式相近，它唯一的特点是兼指挥和执行于一身。由于它有居于部、处之上的职能部门——学生办公室，所以既可以指挥行政部、处，又能协调各种关系与矛盾；既能够抓行政管理工作，又能抓思想教育工作。

三、学生行政管理工作体制发展趋势的展望

学生行政管理工作的成效，取决于两点，一是领导和干部队伍，二是管理体制。当前我们有一批较长时间从事学生工作的同志，他们有能力、有水平、有积极性与创造性，虽然管理体制不够完善，但凭借这批骨干的创造性和努力，高校的学生管理工作是有很大成绩的。随着社会的发展和新形势对高校学生管理工作的要求，我们还需要改进工作、完善政策、健全体制。

建立一个学生管理工作的体制，究竟应选择哪种具体模式才是最佳选择？我们认为它应是由这个学校的历史与现状、领导与干部队伍的素质和结构、教师与职工的思想水平与觉悟、学校的任务和条件等形成的综合因素决定的。只有当一个具体模式适合这个学校的情况，并能创造出最优成绩时，才是最佳的选择。从学校学生管理体制的发展趋势来分析，选择具体模式应考虑两个问题。一是是否需要建立专门的学生行政管理工作体制，二是是否需要实行学生行政管理工作与学生思想政治工作相结合的管理体制。对这两个原则问题的回答是肯定的，这也是今后加强学生行政管理工作体制的两个原则性问题。因为，第一，人的思想和行动是不能割裂的，人的行动受思想的支配，而思想又需要实践的检验。要规范人的言行，首先要抓思想教育，要了解一个人的思想，必须先了解他的行动。所以，对学生的思想和实际，言论和行动的教育、管理，只有真正地从组织上、思想上结合起来开展工作，才能改变"两张皮"的现象，才能取得工作的最佳效果。第二，学生行政管理工作，是培养学生成为德、智、体全面发展的社会主义建设者和接班人的一项重要工作。它对在校学生的学习、生活、行为起着正确的规范作用。它不仅需要一支具有一定理论水平和一定实践经验的稳定的干部队伍，还必须逐步建立一套专门的行政管理工作体制，否则难以适应当前形势下学生管理工作的要求。第三，在当前国际国内政治形势下，高校对于青年学生不仅负有培养的责任，而且还面临着争夺的斗争。所以，只有加强学生行政管理工作和学生思想政治工作的结合，只有建立一支专门的学生管理工作队伍和建立一套专门的学生行政管理工作体制，才能培养出共产主义信念坚定、坚持社会主义方向的合格人才。

第三节　大学生思想品德教育管理体制

由于各高校具体情况、人员素质、传统风格、办学特点不相同，中华人民共和国成立以来经历过一些变化，但总的来说，我国高校学生思想品德教育实行的是综合管理体制，

这种体制主要由以下几种制度构成：

一、专职干部责任制

高校专职党团干部是党的教育方针与政策在各单位的综合贯彻执行者，是对学生进行各种思想品德教育管理的设计者，是发动全体教师教书育人的组织者。因此，专职干部在学生思想品德教育管理中发挥着不可取代的作用。

学生专职干部主要指担任党团职务，专门从事学生教育管理的干部，包括学生工作部（处）或宣传部、校团委的干部，各系主管学生工作的党总支（分党委）副书记、团总支（分团委）干部等。专职干部一般按学生人数的 1∶150 配备，不足 150 名学生的单位可根据实际工作情况考虑。专职干部在学校党委的领导下，具体由学校主管部门和各系党总支共同管理。他们除根据实际表现和工作需要晋升职务外，同时，作为学生思想品德课教师在晋升专业职务方面享受与其他业务教师同等待遇。

专职干部的职责是：开展学生思想和学生工作的调查研究，根据全局形势，结合学校的实际，进行正确决策，统一制订本系统学生思想政治教育、管理工作计划，保证学生思想品德教育管理工作的整体性与系统性，负责安排、协调、组织开展党团教育、政治学习和日常思想品德教育管理各项活动。

按照教育部的要求，专职干部要讲授或辅导思想品德课，并负责组织形势教育、大学生思想修养、人生观教育、法制教育、职业道德教育、毕业教育与就业教育等思想品德课程的教学工作。

负责指导年级主任、兼职辅导员（或班主任）、研究生政治导师的工作，包括制订工作计划，提供有关信息和教育材料，检查总结工作及负责评比优秀教育工作者等工作。

负责指导学生干部的工作，关心学生干部的培养教育，具体指导团组织、学生会开展各项教育管理活动。

依靠年级主任、辅导员（或班主任）、研究生政治导师和学生干部，正确执行有关学生的各项政策，指导并做好学生的思想品德考核，毕业鉴定与考核，评定三好学生、奖学金、优秀学生干部、优秀团员、先进班集体及评定贷学金等工作，负责做好学生的分配及派遣工作。

专职干部主要从毕业生或青年教师中挑选。从事学生教育管理的干部必须具备以下条件：

（1）坚持四项基本原则，积极拥护、努力贯彻党的路线、方针、政策，在政治上同党中央保持一致，一般要求是中共党员。

（2）热心思想工作，热爱、理解、熟悉青年学生，联系群众，作风正派，坚持原则，办事公正，严于律己，为人师表。

（3）具有一定的社会工作经历和组织管理能力、表达能力和调查研究能力，能独立开展工作。

（4）具有大学本科以上文化水平，业务成绩优良。

二、教师指导学生责任制

教师在教育学生的过程起着主导作用。调动教师教书育人的积极性是抓好学生教育管理工作的关键，除了要求所有教师在教学过程中为人师表、严格要求、注重学生思想品德教育之外，这里说的教师指导学生责任制，是要求一部分教师在完成自己教学、科研工作的同时，兼做一个年级或一个班的学生教育管理工作。指导教师包括年级主任、辅导员或班主任、研究生政治导师（以下统称指导教师）。

指导教师中的兼职辅导员或班主任可以采用分段制（即一二年级为一段，三四年级为一段），也可以实行四年一贯制。人数在 120 人或 120 人以上的年级应配备年级主任，负责组织、协调本年级的工作，不满 120 人的年级可根据情况按专业或系配备年级主任，年级主任在任职期间以学生教育管理工作为主，也可适当担任少量的教学、科研工作。研究生政治导师按研究生人数 1∶40 配备，其待遇与业务导师相同。

指导教师由学校人事处、宣传部、教师工作部门、学生工作部门和所在院系党总支组成领导小组共同管理。人事处负责把指导教师的工作表现与教师出国、进修、晋升专业职务等政策挂钩；宣传部负责指导教师的自身提高、评比先进、总结交流工作经验等工作；教师工作部门负责把指导教师的工作表现与教师教学工作量、课时酬金的发放挂钩；学生工作部门与所在院系党总支负责对指导教师的工作进行指导与考核。

指导教师由教研室负责考察挑选，由系党总支、行政审核，报学校批准并颁发聘书。聘期一般为二年一期，可以连聘连任，无特殊情况未经批准不得随意更换，以保证工作的连续性。

指导教师的职责是：

（1）努力贯彻党的教育方针，对加强学生思想品德教育管理的目的、意义认识正确，严于律己，言传身教，引导学生德、智、体全面发展。

（2）负责指导学生团支部、班委会开展各项有益的活动，负责组织本年级（或班）的政治学习、组织生活、班务会议，做好日常的思想教育管理工作，保证学校各项教育管理计划、措施、制度在基层的贯彻落实。

（3）负责执行本年级（或班）学生的思想品德考核，评比三好学生、奖学金、优秀学生干部，推荐免试研究生及毕业生分配等有关政策，对发展学生党员提出建议和意见。

（4）指导学生开展有关业务学习、课外科研、学术交流等活动。担任指导教师应具备下列条件：

①坚持四项基本原则，忠诚党的教育事业，品德高尚，作风正派，能做好学生表率。

②有一定的社会工作能力和从事思想教育管理工作的经验，工作责任心强。

③有一定的学术水平，教学效果好，在担任指导教师期间，担任本年级（或班）一门业务课的教学工作。

教师指导学生责任制是发动教师做学生思想教育管理工作的重要措施。由于大多数教师都有自己的教学科研任务，并且面临业务水平的提高与专业职务的晋升，加上学生工作投入大，收效慢，工作难度大，耗费时间多，这使得大学里许多教师不愿意担任指导教师的工作。造成这种状况的原因是多方面的，首先应端正办学方向，提高全体教师对加强德育教育的认识，同时，要制定具体的措施，在政策上解除教师的后顾之忧。只有把教师的积极性充分发挥出来，把培养学生良好的思想品德当作全体教师自觉的行动，高校学生工作才能创造崭新的局面。

三、学生自我教育与管理制

学生自我教育与管理制就是在学校党委的领导下，充分考虑到大学生的特点和未来社会对人才的要求，在学校专职干部、教师的指导下，通过学生干部，在学生中建立各项教育管理活动的制度。

学生自我教育与管理制包括学生党团组织制度，学生会组织管理制度，学生社团及刊物管理制度，学生勤工俭学、社会实践管理制度，学生业余文化、体育活动管理制度，学生寝室管理制度等。学生自我教育与管理制度由学生团组织、学生会在专职干部的指导下制定，按照团组织、学生会的系统下达执行，并负责检查、总结、修改、完善。各系团总支（或分团委）、学生会在执行制度过程中根据本单位的实际，在不违背学校团组织、学生会制度原则的情况下，可以进行适当的调整，作为学校制度的完善与补充。学生干部的职责是：

（1）学生干部所担任的各项社会工作，既是服务工作，也是学校不可缺少的教育管理工作，他们都应在自己分工的工作中认真贯彻党的路线、方针、政策。

（2）学生干部在自己所管辖的范围内，应大胆行使职权，弘扬正气，打击歪风，批评不良行为。

（3）对学生思想品德考核、鉴定，评比三好学生、评奖学金、入党、入团、毕业分配等，向专职干部、指导教师提出建议和意见（专职干部、指导教师及学校有关部门应尊重学生干部的意见，在加强指导的同时，放手大胆地使用学生干部，充分发挥学生干部在教育管理中的主人翁作用）。

为了让更多的学生做社会工作，发挥大家的积极性，学生干部一般不兼职，有条件的班级、系可实行干部轮换制，以便更多的学生得到锻炼。

学生干部的条件是：

①拥护党的路线、方针、政策，积极要求进步，坚持德、智、体全面发展。

②热心为同学服务，工作认真负责，积极肯干，作风正派，在同学中有较高威信。

③学习勤奋刻苦，学习态度端正，学习成绩优良。

④校、系的主要学生干部，必须是所在班的优秀学生。

⑤负责的某一方面工作尽量考虑到学生自身的爱好与特长。

凡是受到学校通报批评以上处分的学生，凡是学习成绩较差或有不及格功课的学生不宜担任学生干部。学生干部的产生与调整：

凡团支部、班委会以上的学生干部，都必须经过全体会议或代表会议民主选举产生。新生进校第一学期，成立临时团支部和班委会。考虑到新生之间相互不熟悉，学生干部由专职干部根据招生或档案的记载与指导教师商量指定，第一学期结束时，再进行民主选举，以后根据情况每学年改选一次，学生干部可以连选连任。参加学校、系有关单位和部门工作的各类学生工作人员（如校刊、广播台、学生会各部工作人员）可采取选聘的办法挑选，经学生所在系的专职干部和指导教师同意后即可担任一定的社会工作。

学生社团组织和社会实践、勤工俭学活动的负责人，由学生民主选举，分别报学校或系团组织批准，特殊情况也可由校、系团组织、学生会指定。

学生干部的选举、增补、免职、调整必须经过同级党组织同意，并按管理范围向上级对口组织报告，按照正常的民主程序进行，不得擅自改选或任免干部。

学生干部的培养与教育：

学校有关部门、校团委应利用业余时间有计划地对学生干部进行培训。培训包括理论学习、工作指导、经验交流、形势分析等。

有目的地提高学生干部的思想觉悟与工作水平，增强他们自我教育与管理能力。

在寒暑假期间，学校应组织学生干部到边远地区、工厂、农村进行考察参观，了解社会实际，增强社会责任感和社会阅历。

专职干部与指导教师在工作中要对学生干部严格要求，认真培养，既精心指导，又大胆放手，克服一切由学生干部自己去工作和包办代替两种倾向，使学生干部在实践中不断成熟、进步。

学生干部的考核与奖惩：

学生担任的社会工作，应在学生考核、鉴定中予以记载，对于工作中的成绩与实际水平也应如实反映，以便毕业分配时用人单位考察。凡是学生选举出的干部，都应在评三好学生、奖学金等政策中进行恰当的肯定，在学生入党、入团、毕业分配时应作为全面衡量学生的依据之一。

学校除评比三好学生以外，每年应评选一次优秀学生干部，优秀学生干部可以同时被评为三好学生，以鼓励学生干部的积极性。对学生干部工作的考核主要由上级学生组织、学生专职干部和指导教师共同考察与评定。

对有错误或因工作不负责造成损失的学生干部，按学校有关规定，不宜继续担任社会工作的，应按程序予以免职或除名。

第三章 高校学生管理工作的基础性探究

第一节 高校学生组织与干部管理

一、高校学生组织

（一）高校学生组织的意义

组织是按照一定的目的和系统组织起来的团体，或者说把具体任务或职能相互联系起来的整体。其是按一定的目标所做的系统的安排，包括权力分配与责任划分、人事安排与配合，以便达到共同的目的。

无论是正式组织还是非正式组织，尽管其结构形式不同，活动内容也不同，但它们仍有共同点，即职责（或权力）等级和任务的分工，都是一种开放性的适应性的系统。

所谓高校学生组织是指专业、年级、班级等不同系统为培养德、智、体全面发展的建设者和接班人服务这样一个共同目的而组织起的领导团体，如学生党支部、团总支、学生会、班委会等。与其他组织相比，学生组织有其共同点，但更具有自身的特色。

第一，权力范围小。学生组织同样要进行职责划分和任务分工，但其权力范围要比一般组织小得多，不与社会生产及其他经济活动发生直接的联系。学生干部虽然参与政治和行政管理活动，但没有直接制定政策的法定任务和权力，主要是执行。

第二，成员变动大。学生组织成员变动较为频繁，任职时间最长的也只有三年或四年，一般情况下，任职时间为一至两年。这是由高校学制期限所规定的。

第三，系统性强。除了校级学生组织跨系外，其他学生组织均以系、专业、年级和班级为系统建立，一般与高校党政组织设置系统相适应。

第四，服务性强。学生组织的主要任务就是贯彻、落实和执行高校党政领导部门所下达的各项具体任务，直接为学生的政治思想活动、业务学习活动、文娱体育活动等服务。此外，其服务性强还表现在，学生所做的工作只是奉献和义务，没有任何报酬。

第五，民主性强。通常情况下，学生组织都是由民主选举直接产生的，没有任命制，只是个别或少数的采用聘任制。

（二）高校学生组织的设置

高校学生组织的设置必须遵循这样两条原则：

第一，精干的原则。精干的原则是高校学生组织设置所必须遵循的，不然，很容易产生人浮于事的现象，从而造成人力、物力和财力的浪费，工作效率不高。但是把精干原则理解为越少越好，造成不能完成工作，同样不符合精干原则的要求。因此，必须正确理解精干的原则所包含的两个方面的含义，即质量和效果。所设置的学生组织，既要在数量上满足工作的需求，又要在质量上满足工作的需要。这里所谈的数量和质量又分别有两个含义：数量是指工作任务量和干部成员的多寡，质量是指干部成员的素质和完成工作任务的质量，二者必须有机结合。

第二，统一的原则。组织结构完整严谨，职责划分合理，内部分工明确，协调配合得当，是统一原则的主要内容。具体要求是：一是把同一类工作任务归口于某一学生组织或部门管理；二是专人专职负责，职责相称；三是指挥灵活，信息沟通渠道畅通；四是各部门之间经常性地交流信息、互相配合。总之要做到高校学生组织设置科学、结构合理、上下沟通、信息灵敏，才能极大地提高工作效率，达到预期的目标。

具体来说，高校学生组织设置具体如下：

（1）学生党支部。高校一般是以专业来划分系（部）的，再根据招生规定划分不同的年级，年级下设学生班。高校建立学生党支部要与学生行政组织相对应，把党支部建立在系或年级或班上。这样与行政建制相对应建立起来的学生党支部，使党支部的成员与本班、本年级的同学朝夕相处，熟悉情况，有利于党支部在学校各项中心工作中发挥政治核心作用；有利于党支部起到党密切联系广大同学的桥梁和纽带作用，经常了解同学的思想状况，反映同学的意见和要求，有效地做好同学思想政治工作，进一步密切党群关系；有利于具体指导和帮助团支部、班委会开展工作，提高工作效率。

（2）团总支。一般来说，团总支以系（部）或年级为单位设置，团支部以学生班为单位设置。校团委的主要领导职务由专职干部担任，其委员大多由学生担任。团总支书记由青年专干担任，副书记和其他委员由学生担任。团支部书记和委员及团小组长均由学生担任。各级团组织成员的多寡，可根据高校实际情况来配备。团总支在接受校团委领导的同时，还要接受系党总支的领导。

（3）学生会。学生分会以系（部）为单位设置，所有学生分会及下属组织的成员均由学生组成。校学生会除了接受校学生工作处（部）的指导外，还要接受校团委的指导和帮助。学生分会和班委会分别要接受团总支和团支部的指导和帮助。

（三）高校学生组织的作用

高校学生干部不是自发产生的，而是根据共同目标，按照一定的原则，在学校党委和各级党组织考察和培养的基础上，由广大同学或代表推选出来的。他们是贯彻执行党的教育方针和学校党委的决议和意见的骨干分子。他们的工作是高校党的思想政治教育工作的重要组成部分。

（1）高校学生党支部作为在学生中最基层的党组织，在贯彻执行党的路线、方针和政策的过程中，在发挥党支部的战斗堡垒作用和党员的先锋模范作用方面，在密切联系同学、经常了解同学党员对学校党组织工作的批评和意见、尊重同学的合理化建议、关心同学、爱护同学、帮助他们提高思想觉悟、努力学习方面，在教育和支持其他学生组织积极开展工作、努力为同学服务方面，在维护校规校纪方面等，起着十分重要的作用。

（2）高校共青团组织，是中国共产党直接领导下的先进青年的群众组织，是广大青年在实践中学习共产主义的学校，是中国共产党在高校中的得力助手和后备军，它的一切工作都是围绕党的中心工作开展的。在贯彻执行党的教育方针，把高校建设成为社会主义精神文明坚强阵地的工作中，在造就社会主义事业接班人的伟大工程中，在为我党培养和输送合格后备军的伟大实践中，其有着其他组织不可替代的地位和作用。

（3）高校学生会是中国共产党领导下的中华全国学生联合会在高校的基层组织，是党联系广大同学的桥梁和纽带。它在团结教育广大同学为振兴中华刻苦学习、全面发展，维护校园安定团结、建设校园民主、丰富广大同学文化生活，维护广大同学的合法权益，用党和人民的要求规范同学的行为，培养广大同学的严格的组织纪律性等方面，同样有着不可替代的地位和作用。它是高校思想政治教育工作的重要组成部分。

高校学生干部生活于广大同学之中，与广大同学有着密切和最广泛的联系，最了解、最清楚，也最易于掌握同学的思想状况。因此，对于广大同学来讲，学生干部最有发言权。但了解同学不等于就能当好学校党的工作的得力助手。学生干部要充分发挥学校领导联系广大同学的桥梁和纽带作用，当好助手，必须做到：主动关心同学的学习、工作和生活，注意倾听他们的呼声，并及时向学校各级组织反映，对于广大同学正当的需求，要尽最大的努力去满足；对于不正当的或暂时不能满足的需要，要耐心细致地加以解释，做好思想政治教育工作。

二、高校学生干部管理

（一）高校学生干部与高校学生干部工作

帮助学生干部认识自己所扮演的角色及其特点，有助于其带头作用、骨干作用和桥梁作用的发挥，把同学紧密地团结在一起，勤奋学习，刻苦钻研，锐意进取，成为社会主义建设事业的合格人才。

1. 高校学生干部

（1）学生干部的含义

高校学生干部虽然与一般领导干部有着较大的区别，但仍然具有一般领导干部的本质属性。因此，高校学生干部就是充分调动学生的积极性和创造性去努力实现培养德、智、体全面发展的建设者和接班人这一宏伟目标的集体成员或个人。

（2）学生干部的特点

一是队伍庞大。依据高校学生组织的设置要求，所配备的学生干部人数众多，一般要占学生总人数的三分之一以上。这一特点是由高校学生活动内容广泛而丰富的内在联系所决定的。

二是人才齐备。高校学生干部是经过高考筛选后再筛选，来自全国各个地区的学子，有能歌善舞的，有酷爱美术和体育的，等等。这为高校学生干部顺利地、生动地开展工作，带来了十分优越的条件。

三是热情高涨。高校学生干部都是20岁左右的热血青年，体力、精力充沛，思想上对未来充满十分美好的憧憬，敢想、敢说、敢为。

四是贴近学生生活。由于客观环境的作用，高校学生干部始终与学生同吃、同住、同学习，朝夕相处，形影不离。学生干部最了解学生，学生也最了解学生干部。学生干部的举动，学生都看得清清楚楚，这给学生干部工作带来了许多方便，可以使学生干部及时地了解同学的利益要求、思想动态等，以便制订出有效的工作计划，采取有力的工作措施，可以使学生干部的工作直接地接受学生的监督和检查，及时修正工作中存在的不足或失误，以便把工作做得更好。

2. 高校学生干部工作

（1）高校学生干部工作的含义

高校学生干部和高校学生干部工作是两个既有联系又有区别的概念，不能混为一谈。所谓高校学生干部工作是指高校学生干部运用一定的工作技巧和方法，按照一定的职责权利范围，充分调动本校或系或班或小组同学的积极性和创造性去努力实现培养德、智、体全面发展的建设者和接班人这一宏伟目标的过程。这个过程包括确立目标、预测决策、制订计划、指挥执行、组织协调、指导激励、沟通信息、监测反馈、过程调控、工作评估，等等。

（2）高校学生干部工作的特点

一是执行性。高校学生干部和其他学生一样都是学生，处于受教育阶段，在法定方面还没有承担高校管理决策的社会责任，同时尚缺乏应有的高校管理决策能力，因而，虽然要积极参与学校的管理活动，但不能做最后的决策。所以，高校学生干部工作的重要任务是贯彻执行和落实学校党政领导下达的各项工作任务。当然，在保证执行、贯彻和落实学校党政领导下达的各项工作任务时，他们要积极思考，富有创造性，采取各种行之有效的方式和方法去完成它。

二是广泛性。高校的一切工作都是围绕学生展开的，同时，又要通过学生干部工作这一环节落到实处，因而，高校学生干部工作必然要涉及高校工作各个方面，从而使其内容丰富而广泛。从总体上来讲，高校学生干部工作包括思想政治教育工作和日常事务管理两大方面。具体来说，在思想政治教育工作中，要组织经常性的大量党团政治活动，诸如政治学习、讨论，发展党员和团员，举行各种寓教育于活动的竞赛及做好大量的经常性的个别思想教育工作等。在日常事务管理中，要抓校风校纪的建设、业务学习、文体活动、生活卫生等。

三是具体性。高校学生干部工作十分具体。例如，落实学校领导下达的开展"学雷锋户外活动"的具体任务时，学生干部要作出详细的计划和安排，把"学雷锋户外活动"的具体任务分派到人，并且自始至终地参加活动。

四是复杂性。高校学生干部所做的一切工作就是要求同学按照学校的要求和规范去做，而人的行为是受思想支配的，这就是说，要使同学能按照学校的要求和规范去做，必须做好同学的思想工作。人的思想活动具有极大的隐秘性，而要打开学生的心灵之窗并非易事。此外，年轻的大学生（当然包括学生干部本身在内）世界观还不成熟，还缺乏观察分析周围事物的正确方法，因而纷繁复杂的社会现象反映到学生脑子里，就会产生各种正确的和不正确的思想观念，要帮助同学去掉头脑中那些不正确的思想观念，就必须找到产生不正确思想观念的根源。然而，往往由于人的思想活动的隐秘性特点，我们很难做到这一点，因而高校学生干部工作呈现出复杂性。

五是周期性。由于高校学制的制定和学期的划分，相应地高校学生干部工作具有明显的周期性，且周期短，一般为一个学期或一个学年度。但是，研究学生干部工作的周期性时必须注意，这种周期性的活动不是简单的圆周运动，因此，每一个工作周期到来时，高校学生干部在认真总结经验的基础上，要不断地分析新情况，研究新问题，采取新的方式和方法做好新的工作。

3. 高校学生干部工作是教学与管理工作的重要组成部分

（1）是高校教学工作中不可缺少的部分

教学质量与人才质量紧密地联系在一起，提高教学质量是高校的主要工作之一。加强教学管理是提高教学质量的有力保证，而高校学生干部工作是具体实施教学管理措施的有力保证。

1）维护教学秩序。教学活动十分具体而又频繁，光依靠学生干事和辅导员及任课老师远远不够，大量的具体细致的管理工作则依赖于学生干部。如果离开学生干部的努力工作，就很难保证教学活动的有序性和教学质量的提高。

2）沟通教学联系。在教与学的过程中，一方面，学生们会时常碰到这样或那样的疑难问题需要解决，另一方面，教师为了提高教学水平，也需要了解学生对教学工作的意见和要求。因此，这客观上要求及时沟通教与学之间的联系。此间，学生干部扮演着及时沟通教与学的重要角色，从而使教与学双方得到有效沟通，及时解决学生学习上的疑难问题，提高教师的教学水平，保证良好的教学质量。

3）促进良好学风的形成。学生干部组织广大学生开展一些学术研究活动，培养广大学生的学术研究兴趣和能力，同时，组织广大同学开展一些有益教学工作的活动，诸如百科知识竞赛、学习竞赛、学习经验交流、师生恳谈等。这些活动的开展，对形成良好的学风，无疑是不可缺少的。

总之，高校学生干部工作在教学工作中，对于维护教学秩序、沟通教学联系、形成良好学风、提高教学质量有着不可替代的作用，是高校教学工作中不可缺少的重要组成部分。

（2）是高校管理工作中不可缺少的部分

1）弥补学校管理工作人员的不足。良好的校风和良好的校园秩序的形成离不开严格的管理，二者之间相辅相成，互为因果。广大学生是良好的校风和良好的校园秩序的直接体现者。要管理好由不同民族、不同风俗习惯、不同性别等组成的大学生群体，使他们养成良好的习惯，自觉维护校园秩序，光靠学校专职行政人员和老师显然是不够的，也是不切合实际的。因此，大量的行政管理工作需要学生干部去承担。学校的规章制度需要学生干部去实施、去落实，特别是学生自我管理方面，学生干部工作显得尤为重要。对于这些工作，学生干部则完全有能力来承担，因为学生干部有着庞大的队伍，占学生人数的百分之三十以上，可以弥补学校管理工作人员的不足。

2）弥补学校微观管理的不足。对于学校来说，要把关于学生在学习上、生活上等方面的规章制定得十分完整而具体，是很困难的。一般来说，学校只能从宏观上作出较全面的规定，在微观上就要求学生干部做出有力的补充，这种补充主要体现在以下两个方面：

第一，创造性地执行学校的规章制度。即要根据实际情况，如不同专业，不同年级，不同性别，不同生活习惯，不同特长、爱好、兴趣，等等，在保证执行学校规章制度的前提下，制定出符合学生实际情况的实施细则，使学校规章制度落到实处。

第二，及时调控宏观管理。宏观管理的依据，归根到底来自实践。学生干部较之学校行政干部来说，对学生的实际情况要了解得多，而且，学校宏观管理终归是为同学服务的。因此，学生干部及时向学校反映学生中的情况变化，可弥补学校调控宏观管理时的信息不足。

（二）加强高校学生干部管理的途径

高校学生干部提高自身的素质既是履行好自身职责、完成学校交给的各项任务的首要条件，也是把自己培养成为社会主义事业接班人的内在要求。接受学校有系统、有计划、有目的的组织教育与考核是学生干部提高基本素质的一条重要途径。怎样对学生干部进行有效的组织教育和全面的考核，加强对学生干部的管理，也是摆在高校思想政治工作者面前的一个重要课题。

1. 加强组织教育

高校学生干部既是干部，又是学生，其成长与进步同样离不开学校组织的教育与帮助。因此，高校学生干部必须接受有系统、有计划、有目的的组织教育。

当然，学校各学生工作部门也应该注意不能仅使用学生干部而忽视对他们的教育。学校应把通过组织教育来提高学生干部的基本素质纳入工作计划，作为培养合格的社会主义接班人的重要组成部分，从政治思想、理论修养、工作常识、基本技能等方面对他们进行全面、系统的培训。

（1）马列主义理论教育

高校学生干部是党在高校做好学生思想政治工作的得力助手，因此学生干部自身首先需要有扎实的马列主义理论基础。学校方面可以采取举办学生干部理论学习班等方式对他们进行行之有效的培训和辅导。对于学生干部中要求入党的积极分子要及时组织相关学习，使之接受更为系统、深入的马列主义理论教育。

在学习马列主义理论的过程中，学生干部应该紧密联系大学生的思想实际，避免为理论而学理论的现象。学生干部要从实际运用的目的出发，有针对性地、创造性地学习马列主义、毛泽东思想、邓小平理论及习近平新时代中国特色社会主义思想，能够运用这些理论去正确地分析处理工作中遇到的实际问题，善于用实践的观点、理论联系实际的观点、矛盾的观点、一分为二的观点等来指导自己的工作，以增强工作的正确性与艺术性。

（2）世界观、人生观和价值观教育

高校学生干部要完成好自己的使命，除具有坚定的政治立场、较好的马列主义理论素养外，还要树立正确的世界观、人生观、价值观。这些思想观念的形成固然要靠学生干部自己在平时的学习、生活、工作中去自觉训练和加强，积极参加学校组织的有目的、有系统的教育和引导，则能较快和较好地树立起正确的世界观、人生观和价值观，从而对人生、对社会乃至整个世界各种现象持有正确的观点和态度。这方面的教育与引导，学校既可以采取讲座、报告会等方式集中统一地进行理论疏导，也可采取观看电影电视、阅读文学作品、参观访问等方式进行情感熏陶。思想观念的教育只有与情感熏陶并进，才能收到较好的效果。

思想观念的教育与引导要有针对性。通过人生观及价值观的教育，学生干部要对自身工作的意义有进一步的正确认识，增强工作责任感，正确处理奉献与索取的关系，克服当干部怕苦怕累的思想。树立了正确的人生观与价值观，学生干部就会从艰苦、复杂的工作中品尝到无穷的乐趣，就可以从为广大学生服务中品尝到助人为乐、无私奉献的甜蜜。

思想观念的教育与引导最后的落脚点是学生干部要树立远大的共产主义理想、坚定的共产主义信念和高尚的共产主义情操。高校学生干部肩负着十分特别的历史重任，在大学学习期间是党在高校各项工作的得力助手，毕业后将成为社会主义事业各条战线上的政治骨干与业务骨干，是党的干部队伍建设中的一支不可忽视的后备力量。因此，学生干部必须认识到树立远大的共产主义理想、坚定的共产主义信念、培养高尚的共产主义情操，是社会主义向前发展对青年一代提出的必然要求。同时，这也是高校教育和培训学生干部所要达到的一个重要目的。学生干部与其他青年人一样，在成长发展过程中，易受外界因素的干扰，其理想、信念和情操也将会发生波动和反复。因此，一方面，学生干部要充分认识这一特点，自觉克服自身的弱点；另一方面，学校也要注意帮助学生干部及时排除外界的干扰，特别是注意引导他们正确认识风云变幻的国际形势。

（3）常识教育与技巧训练。

学生干部工作的效果与其所掌握的工作常识及工作技巧与方法是密切联系在一起的。学生干部接受学校系统、全面的工作常识教育和基本的工作技巧与方法的训练是十分必要的。

第一，掌握党支部工作的基本知识与方法。学生党支部的干部要熟悉党章，对党的基本知识要有全面的了解，要懂得党务工作的一些基本知识，因此要积极参加学校党组织举办的专门培训。此外，他们还要注意学会做细致深入的思想政治工作，善于了解他人，关心他人，及时发现问题，及时解决。只有这样，他们才能充分发挥每一个学生党员干部的作用，把学生紧紧团结在党的周围。比如说发展大学生入党是一项艰巨而又重要的工作，它要求学生党支部的干部认真做好入党积极分子的培养与考察工作，这也就是要求学生党支部的干部要熟练地掌握党员发展工作的基本知识。因为，不懂得发展党员的基本知识，就不可能积极稳妥地做好党的组织发展工作，特别是不具备做深入细致的思想政治工作的能力，就不可能准确把握要求入党的积极分子的入党动机，组织发展工作便不可能有效地开展。所以说，学生党支部的干部要在学校党组织的专门培训下，熟练地掌握好党支部工作的基本知识和工作方法与技巧，充分发挥学生党支部的战斗堡垒作用。

第二，掌握共青团工作的基本知识与方法。共青团系统的学生干部要熟悉团章及团的基本知识，要善于把握青年工作的特点，善于团结号召青年。学校团组织要积极创办业余团校和团干部培训班、举行团干部经验交流活动等，为全面提高学生团干部的基本素质广辟途径，尤其是要注意为学生团干部提供团内实践活动的良好环境。学生团干部要在学校团组织的培训下，努力学会做青年大学生的知心朋友，善于把握青年人的思想脉搏，善于做深入细致的帮教工作，及时向党组织反映青年人的思想、意见和要求，使自己真正成为党在高校各项工作中的得力助手。

第三，掌握管理工作的基本知识与方法。学生会、班委会及其他社团学生干部的培训应该紧密结合各自的工作职责、工作对象的特点来进行，重点是提高管理水平，增强组织、指挥与协调能力，以便学生干部在学校管理、校园文化、体育活动等方面充分发挥各自的作用。

2. 加强组织考核

组织考核是提高学生干部基本素质的又一有效途径。它可以帮助学生干部及时发现自身的不足，正确对待所取得的成绩，从而扬长避短，全面发展。考核学生干部素质的途径很多，一般可分为学校组织考评、学生干部自评、学生考评三种，但应以学校考评为主。考评学生干部基本素质的内容有很多，但应以考评思想政治素质、品德素质和心理素质为主。

（1）思想政治素质的考核。

考核学生干部思想政治素质的方法有很多，但其中最有效的途径是对学生干部的实际工作进行认真的观察和分析，透过现象把握其政治立场、观点、态度、世界观、人生观和价值观等。对于具有较好的马列主义理论水平，并善于在工作中用马列主义的立场、观点与方法去分析和处理问题的学生干部，要肯定他们的成绩，并帮助他们进一步提高。对于马列主义理论基础还较差，在实际工作中一时还不能很好地用马列主义的立场、观点与方法去分析问题的学生干部，要指出他们的不足，并及时进行帮助。

对于那些在政治立场、观点、态度等方面与党的要求相背离的个别或极少数学生干部，要坚决地把他们从学生干部的岗位上撤换下来，并对他们的错误言行进行严肃的批评和教育。对于学生干部中存在的其他方面的不良现象及不正确的思想言论要认真地分析和教育，帮助他们澄清思想、端正认识。实事求是地考核学生干部的思想政治素质既有利于学校增强对学生干部培训工作的针对性，以及准确地选拔和使用学生干部，又有利于帮助学生干部正确地认识自己、了解自己，从中受到教育，进而提高自身的思想政治素质。

（2）品德素质的考核。

学生干部要履行好职责，除了要有坚定正确的政治立场外，还要有优良的品德素质。高校党的组织、领导及教师应该对学生干部的品德素质进行经常性的考核，及时发现他们的不足，并帮助他们克服，使之成为名副其实的骨干。

考核学生干部的品德素质要从工作作风、生活作风及是否敢于开展批评与自我批评等方面入手，要注重在实践中考核。衡量学生干部是否有良好品德素质的标准归结起来主要有三条：一是态度，即在工作上是否肯干、积极、认真和负责；二是服务，即是否乐于把自己的长处与能力最大限度地用于工作，是否乐于奉献，乐于为全体学生服务；三是律己，即在学习、工作和生活中是否严于律己，以身作则，勇于抵制不良倾向。

对学生干部的品德素质作出实事求是的考评后，要将考评的结果通过适当的方式与途径反馈给学生干部，使他们知道自己的不足及存在的差距，帮助他们在工作实践中不断地提高品德素质。

（3）心理素质的考核。

针对学生干部的心理能力素质状况，开展及时、有效的考核是十分重要的。学生干部在工作中经常会遇到许多矛盾，需要处理好各种复杂的关系，如学习与工作的关系等，如果没有丰富的情感和顽强的意志，就很难做到大胆开拓、勇于克服各种困难而创新。如果没有较强的指挥、协调能力，就不可能很好地把学生组织起来，也不可能得心应手地处理好各种具体的工作关系和矛盾。一个学生干部是否有顽强的意志、丰富的情感，是否有宽厚的胸怀承受各种打击，是否有熟练的指挥协调能力，都可以从他的具体工作中反映出来。

因此，学校领导和教师要注重从工作实践中考核评估学生干部的心理能力素质，这样才能对学生干部的心理能力素质有客观的评价，有的放矢地帮助他们在实践中锻造自己，逐步形成高强度的心理素质。

第二节　高校学生自我管理与民主管理

高校学生的自我管理和民主管理，是高校学生管理工作中的一个重要组成部分。它侧重于调动学生的主体意识，在整个学生管理工作中，起着补充和完善的作用，由于其独到的优越性而受到越来越多高校管理工作者的重视。

一、高校学生自我管理

高校学生的自我管理，简而言之，就是学生自己管理自己，其目的在于激发学生在管理中的主人翁精神。它是学生根据教育目的和培养目标的要求，运用现代科学管理方法，为实现个人管理有效地调动自身的能动性，训练和发展自己的思维，规范和控制自己的言行，完善和调节自己心理活动的过程。学生自我管理就其方法来说，可分为学生个体自我管理、集体自我管理和参与性自我管理。

（一）学生自我管理的特征

（1）对象特征，即管理与被管理两者的统一。学生自我管理同其他管理活动的根本区别在于，其他管理活动强调对他人或他物的管理，而学生自我管理则是行为发出者作用于自身的活动过程。自己既是管理者又是管理对象，这是自我管理最基本的特征。进行自我调节和控制，是学生自我管理的实质所在。

（2）过程特征，即自我认识、自我评价、自我控制、自我完善四位一体。在学生自我管理中，从目标的建立到组织实施，再到调节控制，以及不断完善，融于学生一体。学生在认识社会、他人和自己的基础上设计自己，在管理过程中评价、控制自己，最后达到目标的实现，到此也就完成了学生自我管理的一个循环——不是简单重复，而是在社会、个人的动态环境中螺旋式的循环。

（3）内容特征，即不同的时代具有不同的内容。此特征有以下两个方面的含义：一是生活在一定社会条件下的人，其思想水平、知识水平和心理素质就被打上时代的烙印，学生也是如此；二是学生自我管理的目标及其社会意义具有鲜明的社会、政治、经济和文化特征。今天，社会为自我管理提供了汲取营养的现实土壤，而作为新时期的高校大学生，就应该热爱祖国，热爱人民，追求真理，锐意进取，艰苦奋斗，乐于贡献。

（二）学生自我管理的原则

从整体上说，学生自我管理不完全取决于个人愿望和努力，它必须反映社会和学校的需要，必须受到社会条件和学生管理制度的制约，符合社会道德规范，同学校培养目标一致，并置身于社会管理和学校管理之中。学生自我管理集主客体于一身，具有它的特殊性。所以，它除了遵循管理的一般原则之外，还应遵循以下几个原则：

（1）自觉自愿原则。学生自我管理是学生自己管理自己的一种管理方式，从管理内容的制定、目标的确定和实施到信息反馈、总结纠正等，都应由学生自己编排，要自觉自愿。当然，自觉自愿也不是放任自流，为了保证自我管理的正确方向，学生在自我管理时，必须接受学生管理部门的指导和必要的约束。对集体自我管理来说，必须注意吸收全体学生参与管理工作，充分调动和发挥每个人的聪明才智。

（2）认识评价原则。学生实行有效的自我管理之前，必须全面认识自己及其所在班组、学校乃至整个社会的现状。要参与就必须认识，同时，只有参与，才能认识更全面。学生自身的政治素质、文化素质、心理素质、身体素质和社会阅历是自我管理的内在条件，而班级、学校的状况、目标、任务、结构和功能、国家政策、经济文化背景和社会规范等是自我管理的外在条件，只有正确认识社会，客观评价自己，才能使自我管理切合实际。

（3）严密性与松散性相结合的原则。所谓严密性，对集体自我管理是指应当有相对稳定的组织、明确的宗旨、科学可行的计划和管理制度，有相对稳定、水平较高的骨干力量；对个体自我管理则是指目的明确、计划周密、心理状态良好。所谓松散性，是指在严密性的前提下，对学生自我管理的时间、地点、参加人员、活动内容及形式可做一些选择。这里的"严"与"松"是辩证统一的，如果没有明确的目的、严密的组织、严格的制度和较好的管理者，集体的共同利益就难以维护，教育目的也难以实现。因此，学生在自我管理中要强化集体意识，自觉服从、维护集体决议，模范地做好集体工作，只有这样，学生自我管理才能沿着正确的方向而不失控。同时，由于高校学生群体内部结构层次的复杂性，学校在保证集体利益和共同要求的前提下，要尊重学生的个性，促进学生个性发展。同学之间提倡互相尊重，互相学习，在相互帮助中共同进步。

（三）学生自我管理的作用

学生自我管理有以下两个作用：

第一，加强学生自我管理有利于学生健康成长。青年学生正处在心理的转折期、自我发现期，他们强烈希望自己的意志和人格受到外界的尊重，具有强烈的参与意识，而学生自我管理则恰恰满足了他们的这种心理愿望，从而促进其心理的健康发展。他们心理的健康，有利于学校的稳定。但是，由于学生世界观、人生观尚在形成过程中，他们在复杂、动态的环境里，也必然会受到各种错误思想的干扰。要有效地消除这种消极影响，除了学校、社会和家庭的教育、指导外，作为学生自己也要加强理论、思想修养，在自我管理的实践中，提高辨别和抵制错误思想的能力，使自己健康成长。

第二，加强学生自我管理有利于增强学生适应社会的能力。一方面，由于目前我国还存在着教育与实践相脱节等弊端，以至于许多学生动手能力和创造精神较差；另一方面，学生最终都将走向社会，接受社会检验，随着人才市场需求关系的变化，社会对学生的知识水平、知识结构、专业技能及走上社会的适应能力提出了更高的要求。因此，学生要在复杂的社会环境中既能适应社会的要求，又能有所作为，必须在学生期间利用一切可以利用的机会，有针对性地实施自我管理，逐步缩小所学知识与社会需要的差距，不断增强自我认识、自我评价、自我控制能力，实现自我完善，为将来走出校门后尽快地适应社会奠定坚实的基础。

（四）学生自我管理的内容

学生自我管理的内容是由时代对高校学生的要求和历史赋予他们的使命决定的，概括起来主要有思想素质、业务素质和身心素质三个方面的自我管理。它们之间是相互作用、相互渗透的辩证统一体。下面仅就业务素质的自我管理做简单的阐述，具体如下：

所谓业务素质的自我管理是指学生在老师的指导下，通过积累知识、发展智力和锻炼能力而进行的管理。

（1）要树立正确的成才观。学生的成才，不仅是由他的知识、智能决定的，更主要的是由其正确的学习目的和勤于奋斗的精神所决定的。那些极端利己、自私的人，那些从自我出发，把个人利益置于集体、国家利益之上的人，不但不能成才，还可能会成为社会发展的阻碍。只有那些具有远大理想和抱负的人，才会使知识、智能、素质、觉悟在自身中得到统一；只有那些把自己的前途和国家命运、民族未来紧密联系起来的人，才会在事业中有所成就。

（2）要掌握学习规律，完善知识结构。学生的主要任务就是通过艰苦而复杂的脑力劳动，不断增长知识，提高能力，掌握学习规律，完善知识结构。课堂学习是学生接受知识和教育的主要途径。预习、听课、复习等是学生课堂学习的主要环节，也是学生加强自我管理的重要方面。学生还要学会自学。一个人要获得完全的知识，必须具备两个条件，即书本知识和实践知识。学习实践知识，就要深入下去，投身于实践，向社会学习，在实践中积累和完善自己的知识。同时，还要完善和优化智能结构。智能是智力和能力的总称，是指一个人观察问题、分析问题和解决问题的能力。观察力、记忆力、思维力、想象力和操作能力是智力结构的五个要素。

（五）学生自我管理的途径

学生自我管理是在家庭、社会和学校管理教育的灌输、诱导、组织、指导下，进行自我规划、自我调节、自我教育和自我完善的。由于人和社会环境的复杂性，学生实现自我管理的途径、方法，也是多种多样、纵横交织和不断发展变化的。

1. 加强学校民主建设，促进学生的自我管理

学校民主建设的本质是把广大教师、学生真正看作是学校的主人和学习的主体。在学校提倡科学，崇尚民主，为师生创造民主参与管理的机会，让他们在工作和学习中感到自己是社会的主人，是学校的主人，激发起稳定的、持久的自觉性和主动性，这样，学校才能有凝聚力，才能树立良好的学风、校风。如果学校不能顺应和满足他们的心理要求，仍然把他们作为纯粹的管理对象，采取命令式管理，那么只能压制学生的能动性，伤害学生的自尊心，只会引起学生的不满。事实证明，良好的学风、校风的形成，主要不是靠行政管理的强制力量，而是靠群体的力量，靠群体规范和舆论这样一种无形的力量。因此，民主建设是学校培养人才的前提和保证，制度管理是加强高等学校民主建设、创造良好校园环境的保障。

我国高等学校的管理制度近年来逐步完善。这些制度明确了学生的道德和行为准则，为学校的日常教育、管理工作提出了一套章法。广大学生在思想教育和制度的约束中，不

断调节自己的思想、行为,逐步把外压力变成内驱力,自觉遵守,自觉维护,这样才能取得显著效果。民主管理要公开、平等。学生主体意识、平等意识的增强,要求学校的管理工作要公开、平等,以取得相互理解、尊重和信任。公开即提高管理工作的透明度,平等即管理者和师生平等对待,真诚合作。

在管理中,学校要尽量为学生创造知政、议政和参与管理的场所和条件,扩大和完善学生参与管理的渠道,发挥他们在管理中的作用。学生参与学校管理,有归属感和主人翁感,就能发挥集体的智慧,使决策更正确。同时参与管理也是调动学生积极性,培养学生能力,扩大学生与管理部门联系的好办法,可以提高人的素质,实现民主管理。人是管理的核心,提高人的思想、道德、知识素质,是完善学校民主管理的首要条件。学校要加强思想政治教育课的教学,充分发挥党团组织的作用,发挥管理者、教师的作用,要鼓励学生参加教育改革,激励学生自爱、自强,采取各种形式帮助学生明确民主与集中、自由与纪律的关系,增强民主意识,树立正确的世界观和人生观。学生有了"精神能源",学校民主管理才会有坚实的基础。

2. 搞好学生组织的建设

学生组织主要是指校、系、班级的学生会或班委会、团组织和其他社团组织。这些组织是学生自我教育、自我服务、自我管理的主要形式,也是学校做好学生管理工作的保证。

加强学生组织建设,要选好、用好学生干部。学生干部来自学生,他们既是受教育者和被管理者,也是学校管理干部的助手,还是学生活动的直接组织者和学生基层组织的管理者。要建设一个良好的集体,必须有一批优秀的学生干部,选好、用好学生干部对于学生管理工作至关重要。

加强学生组织建设,要发挥学生组织的教育、管理功能。学生组织是学校系统中的一个子系统,加强组织建设,目的就是要发挥其作用。在教育方面,学生组织可以通过组织学生学习理论知识、时事政治、业务知识,通过举办演讲会、座谈会、报告会,组织学生参观、访问、调查和参加劳动等活动,帮助学生共同探讨理想与现实、自由与纪律、民主与集中、权利与义务、学习与工作、事业与爱情、个人与集体等方面的关系。依靠正确的导向,可以在学生中形成追求进步、关心集体的舆论,形成刻苦学习、勇于进取的良好的学风,形成遵守法律、讲究道德的文明环境。在管理方面,学生组织要依靠管理制度,配合教师和学校的管理干部,做好组织协调工作,提高管理效能。在服务方面,学生组织既要为学生服务,也要为学校服务。

加强学生组织建设,就要改进管理方法。方法是完成任务、实现目标所必不可少的手段,任何组织要实现管理目标,没有良好的方法,必然事倍功半。反之,管理方法得当,就会事半功倍。可见,采取好的管理方法,是提高效率的有效途径。学生组织的自我管理也不例外,一般来说,在学生组织自我管理中,制度管理法、榜样示范法、正面激励法、民主管理法等都是不可缺少的部分。

3. 加强社会实践活动,完善学生的自我管理

加强社会实践活动,要做好教学过程中实践环节的自我管理。高校学生的根本任务是学习并通过学习提高自己的智力和能力,而教学过程中的实践活动正是学校为了使学生把所学到的知识运用于实践所安排的。作为学生，只有较扎实地掌握本专业的基础知识、基本理论和基本技能，才能称为合格的学生。

所以，做好教学过程中的实践环节是学生自我管理的首要问题，每个学生都是根据自己专业的特点和实践的要求，自觉地参加实验、实习、考察和劳动等实践环节，并做到勤学习、勤动手、勤思考、勤总结，努力提高自己掌握和运用知识的能力。

加强社会实践活动，还要做好校内外的实践活动的自我管理。校内外实践活动是教学环节的开拓和延伸，也是充分发展学生自己爱好、特点和长处的好途径。搞好校内外实践活动的自我管理有四点：一是根据自己的爱好和特长，组织或参加学校的社团活动，培养自己自主、自强的责任感，培养自己适应社会发展所需要的素质。二是积极组织并参加学校开展的各种竞赛活动，在活动中培养自己的参与意识、竞争意识和集体意识，锻炼自己的组织能力和社交能力。三是充分利用假期，开展社会调查和各种形式的社会服务，在参与中了解社会，坚定信念，促进自己的全面发展。四是完善管理制度和管理措施，克服松散管理和多重管理现象。

学生自我管理的途径和实现自我管理的方法很多，不论采取哪种途径和方法，管理效果都取决于社会、学校的关怀和支持，同时也取决于学生自身的努力和修养。高校学生只有在学校、家庭、社会的教育、管理指导下，树立崇高理想，加强道德修养，善于学习，勇于实践，坚持把个人理想同社会需要、把个人命运同祖国前途结合起来，自我管理才能卓有成效。

二、高校学生民主管理

大学生既是建立良好校园秩序的主体，也是建立良好校园秩序、达到培养人的目的的客体。建立良好的校园秩序的目的是培养人，必须通过大学生内心的响应，通过自身的积极性和主动要求才有可能实现这一目的。

在社会主义国家，公民不仅是社会管理的对象，同时又是社会管理的主人。因此，我国的大学生在高等学校里，参与民主管理既是主体与客体统一的体现，又是我国大学的社会主义性质的体现。

（一）民主管理的概述

（1）大学生民主管理。大学生民主管理是指根据社会主义民主的本质，运用社会主义民主的形式，充分调动并发挥大学生内在的积极因素和自主精神，在学校行政管理人员的领导下，组织大学生参与管理，达到培养德、智、体全面发展的"四有"人才的目的。大学生参与民主管理具有社会主义的方向性，离开了社会主义的方向，管理就失去了目标，也失去了意义。大学生民主管理采用社会主义民主的形式，是民主集中制的民主，而不是无政府主义和极端民主化的民主。

大学生民主管理是高等学校大学生管理系统中的子系统，是大学生管理的一种形式，它的基本作用和形式是参与和监督。它在学校领导和老师的指导下，既可参与行政管理部门的管理，又可管理学生自己的事务。

（2）大学生民主管理的必要性和可能性。校园秩序的一个重要的方面是大学生的学习和生活秩序，建立良好的校园秩序要靠学校的科学管理，但如果没有大学生的参与和管理，把建立良好的校园秩序只作为学校的事情，那么，良好的校园秩序就难以建立，所以调动大学生参与民主管理的积极性，是建立良好的校园秩序的需要。发动大学生参与民主管理不仅可以提高管理效能，而且可以在管理实践中提高他们的才干，这正符合培养目标自身的需要。

当代大学生自主意识较强，对被人管理往往持反感态度。但是实践证明，他们的"自主"往往带有很大的随意性，没有学校的严格管理和引导不利于他们的健康成长。当代大学生的参与感很强，愿意通过参与管理提高自己的才干和能力。因此，调动大学生参与民主管理的积极性，既是可能的，也是必要的。

（3）大学生参与民主管理的意义。大学生参与民主管理，其在实践中接受社会主义民主教育，培养正确的政治观点、正确的社会主义民主意识和民主精神，这对于培养社会主义一代新人，对于全社会政治上的安定团结都具有十分重要的意义。大学生参与民主管理，可以构建学校领导和学生之间的信息渠道，密切学校领导和广大学生的联系，有利于建立良好的师生关系；有利于学校领导及时了解学生的情况，改进工作作风；有利于政治上的安定团结；有利于培养一批有领导才干、有管理能力、有献身精神的积极分子，这对于党的建设和社会主义事业都有着重要的意义。

（二）民主管理的组织形式

（1）学生民主管理的组织。大学生的组织包括共青团组织和学生会组织，就学生参与民主管理的目标和方法来说，二者都可以看成学生民主管理的组织形式。共青团是党的助手，是先进青年的群众性组织，学生会是大学生的群众组织，他们各自的目标和任务虽不尽相同，但就建立良好的校园秩序、培养社会主义建设人才的总目标来说，又是完全一致的。共青团组织和学生会组织都要在学校党组织和行政管理系统的领导下开展活动。无论哪一个组织都不是完全独立于学校党政领导之外的，所以都不能称为自我管理组织。班级组织和团支部组织是学校实行民主管理的最重要的基本组织，调动这些组织中的大学生民主管理的积极性，完善民主管理制度，对于建设良好的校园秩序，具有特别重要的意义。

（2）学生介入学校管理系统参与学生管理的形式。这是通过学生代表参加有关学生管理会议，反映学生的意见、要求等形式来实现的。如有的高校聘请学生代表出任行政领导干部的助理等，就属于这一种形式。

（3）专业性的学生民主管理组织。比如有的学校建立学生宿舍管理委员会、伙食管理委员会、卫生管理委员会、治安保卫管理委员会、纪律管理委员会等，通过学生自己处理或协助学校处理问题，维持校园秩序。这些组织在行政管理部门的领导、协助和支持下组织起来并进行工作，但不能自行制定和学校的规章制度相抵触的管理制度。

（三）民主管理的原则

大学生参与民主管理必须遵循以下几项原则：

（1）导向的原则。民主管理的导向就是把民主管理引导到坚持四项基本原则，反对资产阶级自由化，坚持遵守法律、法规及学校的纪律、条例，坚持党的教育方针，坚持正确的道德取向等轨道上来。导向正确，不仅使民主管理不迷失方向，而且能培养学生守法、守纪的意识和习惯。

（2）自主和尊重的原则。民主管理要调动学生的积极性，就要充分发挥学生的自主精神，减少依赖性，要充分相信并支持他们自己作出的符合原则的决定，有了错误，也要尽可能启发学生自己去纠正，要避免伤害他们的自尊心。管理者的责任是加强领导并及时给予指导，尽量不要代替学生作出决定，要尽可能让学生站在管理的前台。

（3）启发的原则。有些在管理者看来是简单的事，大学生可能会争论不休，这是由于学生缺乏实践经验。管理人员只能给予适当的启发，尽可能由学生自己去下结论，不要轻易代替学生作出选择或简单地下结论。

（4）充分讨论的原则。民主管理相比于指令性管理要复杂得多，反反复复地讨论，要花去很多时间，但只要是认真讨论，时间就不会白费。

（5）允许犯错误的原则。民主制度本身包含着产生错误的可能性，因为多数原则只服从多数，而真理有时在少数一边，要求学生在民主管理中一定不出错误是不现实的，有时正是在错误中他们才学到了更多的东西，关键是出了错要勇于承担责任，勇于改正错误。管理干部要勇于承担责任，培养一种敢于承担责任的意识。

（6）民主程序的原则。实行民主管理一定要遵循民主管理的程序，只有严格遵守民主程序才能在实践中提高学生民主管理的积极性、民主精神及守法意识。

（四）民主管理的教育和引导

调动大学生民主管理的积极性，必须加强对大学生的教育和引导。具体有如下四点：

（1）实践少，存在不少糊涂观念。大学生参与民主管理如果缺乏社会主义民主理论的教育，就有可能走偏方向。

（2）要加强民主管理中的责任意识教育。参与学校民主管理不仅仅是尽义务，更是大学生的权利。无论是履行自己的义务还是行使自己的权利，都离不开正确的责任意识，尽义务是一种责任，行使权利也有责任，而这种责任的目标取向就是学校对学生的培养目标。责任意识的强弱和民主管理的效能形成正比。

（3）在管理实践中帮助学生干部树立良好的作风。要培养学生干部密切联系群众的民主作风，批评与自我批评的作风，谦虚谨慎、戒骄戒躁的作风及勤俭节约、艰苦奋斗的作风。管理干部自身的良好作风也将对学生产生潜移默化的教育作用。

（4）支持和帮助学生参与民主管理工作。对参与民主管理的学生，在强调为人民服务的前提下，要根据其不同的职责，给予不同的物质和精神支持。必须重视对他们的个别教育帮助，既要以诚恳、热情、耐心的态度帮助他们解决生活、学习、工作中的具体问题，帮助他们总结工作中的经验教训，也要帮助他们解决工作中的思想和认识问题；要和他们建立良好的友谊、密切的关系和深厚的感情，要把培养爱护学生干部和培养党的积极分子统一起来。

（五）民主管理的应有作用

（1）培养学生的责任意识、纪律意识和法制意识。很多学校用发动全校学生民主讨论的方法来修订管理制度，并将讨论修订的条文提交全校学生或学生代表大会投票表决，然后由校长批准施行。讨论的过程就是一个学习和教育的过程，凡是讨论认真的，也往往是准备认真执行的，因此，这也就培养了学生的责任意识、纪律意识和法制意识。

（2）培养学生的自律精神。把学生的积极主动精神调动起来，在日常的生活和学习中参与管理，不仅可以加强和改善管理，而且可以培养学生的自律精神。

（3）培养学生公平诚实的精神。一个学习阶段完成，有大量的工作要做，比如评定奖学金、评选优秀学生和学生干部、进行毕业鉴定等。这些都可以发动学生民主讨论，培养学生的公平诚实精神。

（4）培养学生社会主义民主意识和民主精神。在强调坚持四项基本原则的前提下，学校对学生组织的活动应尽量放手，让学生自己去组织活动，严格按民主程序去处理日常工作。

三、高校学生社团活动的管理

学生社团是经过学校批准，由本校学生在自愿的基础上组织的群众性团体。近年来，社团组织发展迅速，社团活动已经成为学生课外活动的重要形式之一。加强社团活动的管理，是学生自我管理和民主管理的一项重要任务。

（一）学生社团的发展和作用

1. 学生社团的发展

学生社团的发展，在我国具有久远的历史。近代中国开始有了新式的高等学府。在当代中国的高等学府里，近几年来，学生社团组织的发展如雨后春笋，无论是就其数量，还是就其活动范围和参加人数而言，都远远超过以往任何历史时期。今天，社团活动已经成为大学生课外活动的重要组成部分。

综观目前高校学生社团组织，按其活动性质可以划分为兴趣型社团（根据兴趣爱好自愿结成的团体，如桥牌协会、文学社、书法社等）、学术型社团（以专业学习、研究和交流为目的组成的团体，如经济管理协会、科学技术协会等）、服务型社团（以科技、文化服务和劳务服务为主要内容的团体，如各种科技、文化中心）三大类。此外，还有在学校组织或直接指导下开展活动的文化型社团（如文艺社团、乐团等）和新闻型社团（如学生通讯社、记者站等）。

2. 学生社团的作用

学生社团组织是学生自我管理、自我教育的重要形式之一。因此，不论哪种类型的社团组织，都可以在学生自我管理和自我教育中发挥重要作用。社团组织通过开展活动，可以把具有共同兴趣爱好的学生组织起来，丰富课余生活，开阔知识视野，增进同学间的友谊，增强集体观念和协作精神，提高实际工作能力。不同的社团组织可以吸引不同兴趣的学生，调动各个层次学生的学习积极性，有助于他们在各自的起跑线上前进和发展。

此外，不同类型的社团组织，还有特殊的作用。例如，学术型社团组织对于培养学习积极性、主动性和钻研精神具有重要促进作用；兴趣型社团活动可以丰富学生课余文化生活，陶冶情操，提高文明修养水平；服务型社团活动有助于学生树立劳动观点和群众观点，加深对国情民情的了解，增加社会责任感和历史使命感；文化型社团和新闻型社团，由于其专业性强，所以能在对学生进行有关专业训练方面发挥重要作用。当然，必须正视学生社团活动中可能出现的问题。如果管理不好，有的学生社团就可能被某些不良组织利用，对学生的健康成长会起相反的作用。这也告诉管理者，对学生社团活动加强引导和管理是非常必要的。

（二）学生社团的申请、成立和解散

1. 学生社团申请的基本条件

学生社团不是社会团体。学生社团是本校学生自愿组织的群众性团体。兴趣、爱好相近的学生，在自愿的基础上，可以向学校申请成立社团，但在申请成立社团时，须具备以下几个基本条件：

（1）有社团章程。社团章程必须明确规定本社团的宗旨和活动目的。任何学生社团，均不得反对四项基本原则，不得从事有碍学生身心健康的活动。社团章程必须经过本社团成员讨论通过。

（2）明确社团活动的内容、开展活动的方式和时间，以及接纳社团成员的办法等。社团活动的内容应与社团宗旨和活动目的相符合，应以丰富和补充课堂知识、活跃课外生活为主。社团开展活动一般应在课余时间进行，以不影响社团成员的正常学习为基本原则。接收和调整社团成员应有规定和程序，禁止个人独断。

（3）有相应的组织领导机构，明确社团筹备负责人。学生社团的组织机构、领导机构，一般应以便于组织和开展活动为设置的原则，不宜设置烦琐和庞大的机构，要实行民主集中制的组织原则。社团在筹备过程中，必须指定临时负责人，一经批准成立，应民主选举或协商产生正式负责人。社团负责人，必须具备以下基本条件：政治思想好，努力学习，熟悉本社团业务，热心社会工作，有一定的组织领导能力。专业性较强的学习社团，还应聘请指导教师进行政治和业务指导。

（4）活动经费有可靠来源和相应的管理办法。学生社团可以在社团成员同意和可能承担的前提下，规定社团成员一次或定期缴纳少量会费，也可以采取正当方式筹集部分经费。但无论以何种方式取得的经费，必须有专门办法、专门机构或专人进行管理，并定期在社团内部公布收支情况。

2. 学生社团的成立

（1）申请成立学生社团的程序。学生社团在筹建过程中，如果同时具备上述四个基本条件，则可以正式申请成立，但要求必须有正式书面申请。

正式书面申请应包括以下内容：申请成立社团的原因和理由；拟成立社团的名称；社团的章程和宗旨；社团规模和现有成员数，活动内容及活动方式；社团筹备负责人基本情况；社团活动经费来源及管理办法等。正式书面申请须先经集体讨论通过，然后由社团筹备负责人送交学校有关部门，并由社团筹备负责人向学校有关部门做必要的说明。若学校暂未明确学生社团审批部门，可以将正式书面申请送达与本社团活动内容相近的学校有关部门。

（2）确定是否批准某个学生社团成立之前，相关部门应对正式书面申请的内容进行审查，并做必要的实际调查和了解。学校有关部门决定批准或不予批准某个学生社团成立，应有书面通知，并通知社团筹备负责人。对批准成立的社团，学校有关部门应规定该社团

的主管部门，必要时可规定辅导教师负责。对未被批准的社团，学校有关部门要做好解释工作。

经学校有关部门批准后，学生社团可以正式成立，开展活动。未经批准的社团不得成立和开展活动。需要特别指出的是，跨学校、跨地区、面向社会的团体，不属学校社团之列。学生申请成立这一类社会团体，应当按照我国民政部公布的《社会团体登记管理条例》的规定办理，学校无权受理此类申请。

3. 学生社团的解散

学生社团的解散，具体包括以下两种：

（1）学生社团的自行解散。由于学生流动快，学生社团成员变化较大，容易导致社团活动停止、社团组织自行解散的情况。学生社团自行解散，要向批准成立的部门报告，同时要妥善处理遗留经费和物资。凡属个人的，应当返还本人，其他剩余部分上缴学校。

（2）学生社团的强制解散。学生社团活动应当严格遵守有关法律和规定。社团活动发生违反宪法、法律和有关法规，并造成严重影响，或严重损害学生身心健康，或严重干扰学校秩序，或与本社团宗旨无关，经劝告仍不改正等情况时，学校有关部门可以责令该社团停止活动，并强制解散，对社团负责人和有关直接责任者，可以按有关规定作出相应的处理。

（三）学生社团的活动和管理

1. 学生社团活动的基本原则

（1）学生社团必须服从学校领导和管理，社团活动要遵纪守法。学校有关部门和学生社团的主管部门代表学校归口管理学生社团，并对学生社团实行政治领导。学生社团要主动争取并自觉接受领导和管理，要防止出现游离于学校的领导和管理之外的学生社团组织和社团活动。

学生社团活动要符合我国宪法、法律和校规校纪的规定，要在学生完成教学计划内学习的前提下进行。学生社团组织还要发挥自我管理和自我教育的作用，教育和帮助社团成员认真遵守宪法、法律和校规校纪；学生社团活动要符合本社团宗旨。学生社团要认真按照确定的宗旨开展活动，不得从事与本社团宗旨无关的活动。

（2）学生社团邀请校外人员到学校进行社会政治活动和学术活动，均须经学校同意。学生社团邀请有关专家、学者和知名人士到学校进行有关内容的演讲、座谈和社会政治活动，对提高社团成员的水平、丰富社团活动内容，都有积极意义。但是，为了加强管理，学生社团组织或个人不得随意邀请校外人员来校从事有关活动。

学生社团组织或个人邀请校外人员（包括外籍人员）到校举办学术讲座、发表演说、进行座谈和讨论等活动，须经学校批准。组织者应在三天前向学校有关部门提出申请，说明活动的内容、报告人和活动负责人姓名，学校有关部门应当在拟举行活动的 4 小时前将许可或者不许可的决定通知组织者。讲座、报告等社会政治活动和学术活动，不得反对我国宪法确立的根本制度，不得干扰学校的教学、科研和生活秩序等。对于违反上述规定的活动组织者，要根据校纪，酌情予以处理，对于正在进行的这类活动，学校有关部门可以责令立即停止进行。

（3）学生社团创办面向校内的报刊，须经学校批准。学生社团可以根据需要创办面向校内的报刊，但报刊内容应限定在本社团宗旨范围内。在正式创刊之前，要向学校有关部门提出申请，说明办刊宗旨、登载内容、出版周期、经费来源，以及编辑人员组成等有关情况。未经学校有关部门批准，不得印刷和散发、张贴自办报刊。

出版面向校内的报刊，要求学生社团高度负责，认真选择稿件，尽量减少或不出差错，特别是不应出现政治性的失误。为此，学生社团应当主动争取有关主管部门帮助把关。报刊应标明已经学校有关部门批准字样或标注批准号。报刊停止出版，应向原批准部门报告。学生在校的主要任务是学习，因此，不提倡学生创办面向校外的报刊，如果创办面向校外的报刊，必须按照有关规定报政府有关部门批准，并接受指导和管理。

2. 学生社团活动的管理

学生社团活动吸引了众多学生，涉及面既宽又广，形式多种多样。而且，学生社团种类繁多，既有一般娱乐性的，又有学术性的和政治性的；既有正式合法的，也有非正式和非法的，等等，这就加重了学生社团管理的难度，同时也对学生社团管理提出了更高的要求。

（1）学生社团的管理。

首先，学校要加强对学生社团管理工作的领导。社团管理是一项政策性较强的工作。学校应当根据本校学生社团的现状和发展趋势，根据学生社团的类型，分别确定相应的归口管理部门，配备或指定一定数量的管理人员具体负责学生社团组织、社团讲座和社团报刊的审查、批准和管理等项事宜。不仅如此，学校党政领导要亲自主持研究和制定学生社团管理的有关重要政策和措施，亲自处理某些涉及面广、影响较大的社团组织或个人发生的问题。

其次，要加强对社团发展方向的引导。要帮助学生社团把握正确的发展方向，特别是教育和引导各个社团坚持正确的政治方向。一般地说，对于学术型和专业性较强的学生社团，可以选派相关的教师或管理人员进行业务辅导，同时也进行政治方向的引导。对政治性较强的政治性社团，应予特别重视和关心。要选派政治上坚定，有较高的政治理论水平的领导干部和教师作为这类社团的指导教师，切实保证其政治方向、活动内容和活动形式等不发生偏差。

最后，要加强对社团负责人的培养和教育。社团负责人是学生中的骨干，他们的政治思想和品德素质如何，直接关系到社团组织能否健康发展。因此，要把社团负责人真正作为学生积极分子队伍的一员，组织他们参加业余党校、团校和党章学习小组等学习活动，引导和帮助他们认真学习马克思主义理论，提高政治觉悟和思想理论水平，提高组织能力，还要经常与他们促膝谈心，了解社团活动情况，帮助解决社团活动中出现的问题，引导社团健康地发展。

（2）非法组织和非法刊物的管理。

所谓非法组织和非法刊物，主要是指违反宪法和法律，违反四项基本原则的组织和刊物。从更广泛的意义上说，凡未经必要的程序申报并得到批准，或者所从事的活动或登载的内容违反国家的有关法律、法规的组织和刊物，均属非法组织和非法刊物，对这类非法组织和非法刊物，必须进行整顿或坚决取缔。

　　我国社会主义革命和社会主义建设过程中，特别是改革开放以来，在社会上和高等学校内，曾一度出现非法组织和非法刊物的非法活动。事实说明，非法组织和非法刊物对高校乃至整个社会的稳定，对于正在进行的建设和改革事业，都有极大的破坏力。因此，高校管理工作者在进行社团管理的同时，要特别注意防范非法组织和非法刊物，绝不允许其以任何方式活动，以任何方式印刷出版，在组织上、行动上实行任何形式的联合。对非法组织和非法刊物，学校一经发现，要坚决制止其活动，同时配合有关部门依法取缔，对其成员，要分别不同情况予以必要的处理。

第四章 大学生管理机构与队伍建设

第一节 大学生管理机构的设置

一、设置大学生管理机构应遵循的原则

一般来说，设置大学生管理机构应遵循的原则主要有以下几个方面：

（一）系统整体的原则

大学生管理工作是学校这个大系统中的一个重要的支系统，这个系统的管理目标与学校的培养目标是一致的，即"维护高等学校正常的教学、工作和生活秩序，保障学生身心健康，促进学生德、智、体诸方面发展"。具体地说，就是要对学生的思想品德、专业学习、体育锻炼、劳动实践、课余活动、行为组织、生活起居及分配就业等问题进行全面管理。因此，大学生管理系统是个多因素、多层次、多系列、多功能组成的结构群体。这个结构群体中的各要素、各系统、各层次间存在必然的内在联系，要素和结构整体是不可分离的。因此，整个大学生管理系统组织结构中设置的任何一个部门，任何一个管理层次，任何一个管理序列，都必须注意它们之间的功能联系及其同整体管理效能的关系。否则，必然导致整个系统管理作用的减退和管理功能的紊乱。因此设置大学生管理机构必须依据系统整体的原则，深入分析了解各学生管理机构和它们的构成因素在整个学生管理工作中的地位和作用，以及分析它们之间的相互依存、相互制约、相互促进的关系，寻求学生管理机构的最佳组合，将各级、各类、各环节的学生管理活动协调于学生管理系统的整体行为之中，不断推进大学生管理向机构体系最佳状态发展。

目前，我国绝大部分高等学校内部领导体制是党委领导下的校长分工负责制。大学管理的机构设置从系统整体这一原则出发，就必须做到设立的管理机构系统与学校内部领导体制相适应，避免学生管理工作因多头领导而造成指挥系统紊乱。同时，要注意消除机构重叠、工作重复的弊端。至于职能分散，则是在某些机构完成同样的职能时反映出来的。当然，另外一种情况同样是系统整体原则所不容许的，即某种职能总是从机构所担负的责任中漏掉，或者被排斥在所设置的机构之外。只有依照系统整体原则来设置学生管理机构，使各机构职能范围清楚，责任明确，功能彼此相对独立而互补，才可能建立一个从上到下的强有力的工作系统，从而有利于避免学生管理工作中多中心的混乱状态，达到对学生的成才全过程进行有秩序管理的目的。

（二）层次制与职能制结合的原则

层次性是所有事物组成的普遍规律。高等学校的大学生管理系统中有校、系、年级、班、组这样几个层次，层次制指的就是学校这种纵向划分的方法。职能反映的是管理机构

的各个系统可能的活动领域，反映的是某些性质不同的工作的集合，这些工作的开展为实现系统的最终目标提供保证。

从学校一级来看，学工委办公室（学生处）、教务处、总务处、宣传部、团委等就是职能单位，在学生管理系统中，它们都从不同的角度对学生进行管理。考察合理的学生管理机构设置，应该主要从职能制角度出发，但也不能忽视层次制。在设置学生管理机构时，必须考虑到，在其他条件相同的情况下，层次的增加会导致所需处理的信息量的扩大，领导者负担过重，会增加系统内活动相互配合的困难。而且随着管理层次和每一层管理内容的增加，便会出现由于管理过程复杂化而造成效能下降的情况。

目前我国大学生管理机构设置的普遍情况是层次越高，职能制单位越多；层次越低，职能制单位越少，但直接管理的对象却越多。因此，根据整体原理，机构设置中要有全局观点，要考虑到上下左右的联系沟通，使机构减少到最低限度，便于在低层次中建立起相应的机构，使职能制与层次制相结合，互相补充，以取得最佳管理效果。

（三）职、责、权相一致的原则

机构设置与人员配备坚持职、责、权一致的原则，是发挥部门职能作用和使其协调一致的关键问题。职是职务、职能，责是责任，权是指依据职能、任务所赋予的权力。职、责应有明文规定，并与权相一致。

明确每一机构的职能，使在其中任职的工作人员都能与他们的技能水平和能力相等是非常重要的。要严格地确定和分配职能以保证各机构对自己所完成的全部任务负责，并达到精简不必要机构的目的。学校在设置机构和安排职务时应该本着任人唯贤和人能相称的原则，因事而择人，安排适当人员，合理地分配任务，使职责统一，并按履行责任的需要，授予相应的权力，做到各个机构、各个部门都要有分工负责，要从上到下建立岗位责任制。明确各管理层次和职能的职责范围、权力界限，使每个工作人员都能各司其职，各尽其责，各善其事，而且要严格岗位责任制的考核，以纠正过去职责不清、赏罚不明的现象，形成一个有效的、有秩序的学生管理新格局。

这里要注意的一点是，职责过分具体化和工作人员任务过于狭窄，也会束缚他们主观能动性的发挥，甚至在发生突发事件时会丧失有效管理的可能性。因此，对每一机构和每一工作人员来说，职责权一致重要的是要确立他们所履行的职能的适宜性和特殊性程度，这同样是保证管理机构符合职责权一致原则的前提。

（四）集中管理与民主管理相结合的原则

集中管理与民主管理可以说是当代大学生管理两个不可分离的组成部分，它们互为前提。只有高度集中，学生管理工作才有高效益，但也只有充分发扬民主，才能更有利于保证管理过程的高度集中。因此，大学生管理的集中化和民主化的相互关系在管理机构实际履行职能过程中得以体现，它在很大程度上预先决定着能否达到系统所要实现的目标。集中管理的主要任务是根据学生管理工作的特征，作出统一的管理战略决策。

在垂直联系的系统控制之下，常常是学校最高层领导人的责任范围不适当地扩大，他们不仅被授权作出管理战略方面的决策，还参与具体管理活动，留给他们处理重大问题的工作时间很少。随着学生管理系统的复杂化程度和管理信息的扩大，具有较强机动性特点的较低层次，尤其是系一级的学生管理活动就日益具有更大的价值。

因此，集中管理与民主管理相结合原则的意义就在于设置或调整学生管理机构时要使管理机构内部的权力和责任进行相应的重新分配，尽可能地把战略性职能和协调性职能与具体的管理活动分开，在形成或改造管理机构的过程中，适当调整不同层次机构在学生管理工作中的参与决策、实施管理方面的作用。而且，在整个管理机构系统内，除了建立健全决策、执行系统外，还要建有监督、咨询和反馈系统，使整个管理组织具有良好的控制能力。

集中管理与民主管理相结合原则的另一个意义是，学校在设置大学生管理机构时，要建立起符合民主原则的管理机构和管理制度。要充分发挥管理对象，即大学生本身在管理中的作用。过去有的学校学生管理效果不佳的重要原因，就是没有遵循民主管理原则，把学生当成消极被动的管理对象，在工作中单纯采取限制、压制和惩办的手段。而要保证民主管理的实现，就必须通过不同的形式，吸收学生参与管理，使学生会和学生代表大会等学生自己的组织真正成为学生管理工作的有效监督系统和反馈系统，甚至在一些学生管理机构中也可吸收学生代表参加。这样，形成大学生管理机构系统在集中领导下的民主气氛，学生管理工作会达到最佳管理效果。

（五）因校制宜的原则

大学生管理机构设置方式在不同的学校，由于其所处的社会环境，它自身的历史发展，以及学校的类别、任务、规模、条件、学生来源、领导力量、管理人员素质及校风、学风等各种因素的差异，不可能达到相同的管理效果。即使是同一学校、同一机构内，由于管理者的素质及工作作风的不同，也可能产生各具特色的、多样化的管理效果。因此，各校学生管理机构的设置，只能因地制宜，因校制宜，在统一要求下，从实际出发，实事求是，根据工作需要，研究设置管理机构。一般来说，中等规模的学校与小规模学校的机构相比，可能更需要一种完善的学生管理机构，至于大规模学校的机构则更应该从上到下地加以周密考虑。组织机构的设置，各校可根据教育部划定的大原则、大框架结合本校自身特点，进行慎重而周密的试验，不断总结经验，不断探索，逐步摸索出适宜本校并能达到最优管理的学生管理机构设置方案。

二、大学生管理机构结构的形式与机构的设置

从理论上可以归纳为"直线型""职能型""直线—参谋型""直线附属型""矩阵结构"等形式。目前，多数学校采用的是"直线—参谋型"或"矩阵结构"形式。"直线—参谋型"的结构形式是把大学生管理人员划分为两类：一类是直线指挥人员，如校、系负责人，他们拥有对较低层次学生管理部门实际指挥和命令的权力，并对该组织的工作负全部责任；另一类是职能管理人员，他们是直线指挥人员的参谋，作为直线领导的参谋和助手，他们只能对指挥系统中的下一级管理机构进行业务指导，而不能对他们直接进行指挥和命令。

"直线—参谋型"的最大优点是它的上下级关系很清楚。这种结构形式中的职能机构，是按照一定的职能分工，担负着学生思想、教学、行政、生活等方面的管理任务，职能机

构通过各自分管的学生管理任务，对有关管理工作起着业务指导和保证作用。

具体说来，职能机构担负着以下职责：向领导提供有关情况和报告，提出建议和方案，供领导决策时参考；监督下级机构对上级领导的指示、命令和有关计划的执行、检查执行情况，以便更好地贯彻领导的指示和意图；协助各级领导，具体办理有关学生管理业务，为下级管理机构创造完成任务的保证条件，在业务上指导和帮助下级组织。"直线－参谋型"结构领导关系简单，能始终保持集中统一指挥和管理，避免了机构系统中多头指挥和无人负责的现象，因此，学生管理方面出现问题就可以一级找一级直到问题解决；同时，各级领导人员有相应的职能机构做参谋，可以充分发挥其职能管理方面的作用。但是，事物之间除了纵向联系外，还存在着横向联系，"直线－参谋型"结构形式在实际执行中也有明显矛盾。

由于该结构系统的客观原因，在一系列组成单位中不得不分散管理职能，这样，当管理建立在把一切工作形式明确地独立出来和对职能有明确分配的时候，这种管理活动的每一个参与者就都能够明确目标。然而，虽然它们都是按照学校统一计划、统一部署进行工作，由于分管不同业务，观察和处理问题的方法、角度各有侧重，彼此间往往会产生矛盾。此外，在这种结构系统中，垂直联系高于一切，解决与战略任务并存的、大量的具体管理问题的任务和权力聚积在上层，诸如伙食问题、寝室问题等具体问题经常压倒一系列长远任务，而且使在系统发展过程中所产生的新任务的解决发生困难。

因此，需要有这样一些管理机构，它们能较好地适合于学生管理系统发挥作用，在较特殊的情况下，能有效地协调各方面的职能，"矩阵结构"管理系统就是这样一种结构。在这种结构范围内，不是从现有的隶属等级立场出发，而是集中在所有形式的管理活动整体化和改进这些活动形式的协调动作上。因为只有这样，学校才能创造条件有效地促进管理目标的实现。例如，为了加强对学生的思想政治教育及对学生的全面管理，为了开展评先奖优活动，在党委和校长领导下成立的学生工作委员会、奖学金评定委员会、毕业生分配委员会、群众体育运动委员会等，都是按照专项分工，把各职能部门工作从横向联系起来，形成全校学生管理工作的矩阵组织结构。

矩阵组织结构的特点是：纵向的是"直线－参谋型"组织形式，按层次下达任务，各有关职能部门按其职责范围，分别按层次贯彻学校的学生工作计划；横向则是由职能部门抽人组成的，按其专项任务分工的组织，这些组织中的人同时接受职能部门的主管和专项主管的双重指挥。这些纵向的矩阵型结构有机地结合在一起，互相配合，对学生工作进行综合管理。

在这种结构形式下，原有管理结构仍然是完整的，但实质上，管理结构的权力关系和它的各个部门的职责却发生了变化，即把作出决定的责任和对执行情况的监督归为专项工作组织，而职能部门则从系统所要求的信息、管理工作的实施和其他方面来保证系统实现其管理结果。学校领导则可从一些非原则性的日常问题中摆脱出来，并可以提高管理结构的中间层、较低层次的灵活性和对解决问题的质量的责任感。

在具体机构设置方面，我国各大学的学生管理机构设置是多种多样的。传统的机构设置方式是党委、行政并行发展。有的学校在党委领导下设立学生工作部作为党委管理学生工作的职能部门，力图把学生管理工作统一抓起来。但由于学生工作部是党委分管思想教育的职能部门，不具备行政管理功能，因此，招生、学籍管理、毕业分配等具体的学生管理工作仍需由行政系统的教务处、人事处等负责，结果形成一场学生管理"接力"，教务处负责把学生招进学校，然后学生工作部组织实施思想政治教育，最后人事处来进行分配。

有的学校则设立学生工作处作为分管校长下属的从事学生管理工作的职能机构，把学生从入校到毕业分配全过程的管理工作统一起来。但在目前我国高校实行的校长分工负责制体制下，设置学生工作处也未能解决思想政治教育与管理工作脱节的问题，而且有时还会以管理代替教育，削弱学生的思想管理工作。

因此，有的学校直接采取学生工作部与学生处并存，甚至采取合二为一的机构设置方式。这样的机构设置，从整体讲，学生工作高度集中统一，思想教育与学生管理融为一体，工作效能比较高。但是，这种党政合一的机构设置也存在某些不合理因素，而且作为一个职能部门，试图把分散、多头的学生管理工作统一起来，在客观上仍然是较难做到的。

在最近几年，有的大学出现了由党委和校行政委派组成的一个专司学生工作的综合性机构——学生工作委员会。它的主要职责是对学生管理工作进行整体协调，对学生的思想管理、学籍管理、行政生活管理等管理工作进行决策，对学生工作的经验进行总结、交流、推广。学生工作委员会下设办公室（或学生工作处）作为自己的办事机构，通过该办事机构，学生工作委员会这个综合性机构处于相对稳定状态，把各职能部门所承担的学生管理工作整体化，形成一个紧密联系的、封闭的管理体系。

根据这一指导思想，各系成立相应的学生工作领导小组，全面领导和协调本系范围内的学生管理工作，各年级成立由辅导员、班主任及有经验的任课教师参加的学生工作小组，协调本年级的学生管理工作，通过校、系和年级学生工作委员会和领导小组的作用，把传统的以纵向直线为主的管理系统，分层次地从横向上联系起来，形成学生管理机构的矩阵结构体系。部分大学经过实践，感到这种学生管理机构设置有四个方面的好处：第一，符合简政放权原则；第二，学生管理工作有了一个强有力的统一指挥机构，整个学生管理工作的计划、实施、检查、总结成为一个体系，符合科学管理原则；第三，大大减少了管理上的一些不好现象，符合高效管理原则；第四，信息反馈比较灵敏而且方向稳定。学生管理工作委员会与职能部门固定机构相结合的大学生管理机构设置，在实践中表现出它的优势，很可能是我国大学生管理机构设置的发展趋势，如何充分发挥所设学生管理机构在新时期大学生管理工作中的作用，还有待于在管理实践中不断完善。

第二节 大学生管理队伍建设

大学不仅要有高效合理的管理机构，严密有效的规章制度，更要有一批精明能干的管理干部，依靠他们的积极性和创造精神去工作，有了这样几方面的完美结合，大学生的管理工作才能取得理想的管理效果。可以说，管理大学生一切工作的支撑点在于管理干部。最大限度地调动和发挥广大学生管理干部的能动性，形成目标高度一致的管理工作集体，组织以人才培养为中心的协调的、高效率的、有节奏的管理活动，是大学生管理工作的实质，其核心是建设一支素质高、结构合理、战斗力强的大学生管理队伍。

一、大学生管理队伍建设的意义

（1）在管理的本质和职能的体现上，大学生管理队伍起着决定性作用。大学生管理是高等学校管理工作的主体，是从管理上保证高等学校完成培养四化建设合格人才的一项系统工程。它直接关系到学校的安定团结，关系到正常秩序的建立，关系到能否教育学生抵制错误思潮和不良风气，以建立良好的校风学风，促进学生健康发展，自觉成才。

高等学校学生应当具有坚定正确的政治方向，热爱社会主义祖国，拥护中国共产党的领导，积极参加社会实践，走与工农相结合的道路；应当具有为国家富强和人民富裕而艰苦奋斗的献身精神；应当遵守法律、法规、校规、校纪，有良好的道德品质和文明风尚；应当勤奋学习，努力掌握现代科学文化知识。这体现了社会主义大学生管理的本质，适应了社会主义政治、经济对大学生管理工作的要求。

然而，学生管理的社会主义方向能否坚持，管理目标能否实现，直接起决定作用的是管理干部。由于大学生管理是以人的集合为主的系统，其管理工作充满着教育的特点，因此，管理干部在学生从入学到毕业的在校阶段的学习、生活、行为的全过程中发挥着不可替代的组织、领导、督促检查、控制、协调、指导帮助和激励、惩罚等方面的决定性作用。可以说，在学校这个培养人才的系统中，无论从诸因素的相互关系去分析，还是从各个工作环节去分析，作为以教育者为主体的管理干部，始终处于主导地位，涉及学生成长的一切工作是通过他们进行的，学校工作的成果，培养人才质量的好坏，归根到底也依赖于他们。当前，随着改革开放不断深入，各种文化思想、新旧观念的冲突，造成了部分学生思想的不稳定，因此，加强科学管理尤为重要。而管理干部，特别是领导干部在体现大学生管理的本质和职能上起着决定性的作用。

（2）在学校人才培养目标的实现和各种教育要素的构成上，管理队伍起着骨干作用。学校工作应以培养人才、促使青年学生健康成长为中心。大学生管理的目的也在于全面实现高等教育的目标，概括讲，就是提高管理水平，促进人才素质的提高，使大学毕业生能主动适应社会主义现代化建设的需要。大学生管理的基本要素有四个：一是管理对象，二是管理队伍，三是管理内容，四是管理手段。在四个要素中，虽然管理对象是管理活动的主体，但是开展管理活动的主力却是管理队伍。管理对象要靠管理队伍教育培养，管理内容要靠管理者去制定，管理手段要靠管理队伍去运用和改革。任何先进的管理手段，都只能作为辅助工具，不能代替管理队伍。

换言之，学校的一切工作，包括正常的教学、生活秩序的建立和维护，学生良好行为习惯的养成，严谨、科学、优良作风的培养，德、智、体诸方面的全面发展，都需要管理队伍去精心决策、计划、组织、指挥和控制。而且，随着国家建设的需要，高等学校培养人才的任务日益繁重，可以说是以往任何时期不能比拟的。而改革过程中新旧体制胶着对峙的状态导致不同社会利益矛盾大量存在，有的还趋于表面化，最突出的问题是形成了议论多的难点、热点。这些改革动态过程中出现的问题，无一不在社会的晴雨表——大学生身上反映出来，国内国外各种势力也都把自己的希望集结在大学生身上。所有这些都增加了大学生管理工作的复杂性和困难性，因此，时代对大学生管理队伍的要求也越来越高，大学生管理队伍在学校人才培养目标的完成上的作用也越来越重要。

（3）在大学生管理规律的掌握和管理原则的贯彻上，管理队伍发挥着主导作用。管理队伍对管理的本质和职能的决定作用，以及完成管理任务时的骨干作用，都是管理队伍在大学生管理工作中的主导作用的体现，而发挥管理队伍在培养人才工作中的主导作用，又是管理过程中掌握管理规律和贯彻管理原则的需要。

管理过程是学生在管理工作者指导下认识客观世界的一种特殊的认识过程，在此过程中，存有多层次多方面的关系、矛盾、规律，而管理队伍与学生两方面的活动乃是管理过程中最主要的活动，发挥管理工作者的主导作用和调动学生自我管理的主动性和积极性乃是主要矛盾和主要规律。尽管管理过程中还有其他各种关系，诸如思想管理、行为管理、智育管理、体育管理、美育管理方面的关系，管物与管人的关系，学生管理与教师管理的关系，管理者的素养与管理效果的关系，管理效果与管理者对大学生心理特点、思想特点认识程度的关系，以及宏观方面的学校教育和学生管理与外部世界的关系等，但是，这些关系、规律都是从属于管理过程的总规律的。为了正确地反映和掌握这些规律，实现一定的管理目的，管理工作者经过长期的探索，提出了一系列管理原则：诸如为社会主义现代化培养合格人才的原则，实事求是、一切从学生实际出发的原则，系统综合管理原则，管理与教育相结合原则，民主管理原则等。

在这些原则中，发挥管理工作者的主导作用和启发学生的主动意识，与培养学生自我管理能力相结合应成为中心环节，而在管理工作者与学生这对主要矛盾中，管理工作者又是矛盾的主要方面，因为这些原则的贯彻归根到底还要靠管理工作者去发挥主导作用，还要靠管理工作者全面掌握和运用，进行创造性劳动，去启发学生配合管理，积极主动地按照德、智、体全面发展的人才标准进行努力。

（4）在改革开放时期，大学生管理队伍发挥着特殊作用。高等教育的培养对象不同于普通教育，大学生的生理特点和心理特点不同于中学生，他们的心理特点和思想特点是由他们所处的社会环境和他们的地位的变化、学习活动的变化及生理变化所决定的，社会政治、经济乃至社会舆论和社会生活方式对大学生的影响是很直接、很密切的。

社会主义新时期的大学生管理工作已不是一般的培养良好思想、良好行为习惯，而且还担负着系统地向学生进行马克思主义教育，特别是辩证唯物主义和历史唯物主义教育，坚持正确的导向，不断提高学生的政治免疫力，努力创造良好的内部环境的重任。在加强对学生思想教育的同时，管理工作者要严格大学生管理工作，使学生不断增强历史责任感。显然，在社会主义新时期的大学生管理工作中，管理工作者不仅在提高教育质量方面发挥着普遍作用，而且还日益显示出在学生成才导向方面的特殊作用。所有这些都充分说明建设一支各方面素质良好、战斗力强的学生管理队伍，是办好社会主义大学的一个重要措施。

二、大学生管理队伍组织建设

目前，在我国高校中直接从事大学生管理工作的队伍主要由年级辅导员和班主任组成。年级辅导员大都由青年教师或少量高年级学生、研究生来担任，其中包括一部分专职从事思想政治工作的青年干部，班主任则全部由教师担任。另外，在校、系两级还分别有一部分干部专职从事大学生的学籍管理、行政人事管理和思想管理工作，他们分别在大学生管理机构中担任一定的职务或是作为具体的工作人员。

从整体看，从事大学生管理工作的这支队伍，熟悉业务、熟悉学校环境、熟悉整个大学生管理工作规律，熟悉学生生理、心理等方面的特点，而且有干劲、有热情，能积极开展学生管理工作的研究，在学校管理工作科学化、规范化、现代化等方面不断跨出新步伐，取得新成果。但是从目前实际的学生管理情况和新时期国家对大学生管理工作的要求来看，这支队伍仍明显不适应需要。高校的学生管理工作，除专职的学生管理工作者外，广大的业务课教师及学校行政、教辅人员，也应是此项工作的承担者。不管教师或教辅、行政人员本人是否认识、是否承认，"教书"及学校的其他管理工作都在起着"育人"的作用，都对学生思想品德、言行情操起某种规范、导向作用，这是不以人的主观意志为转移的客观规律。但由于各种原因，高校专业课教师中，能比较经常、比较自觉地管理教导的人还是少数，大部分人除了上课，其他管理、教育工作都推给了学生管理干部。高校学生管理工作队伍的力量如此，这也就不难理解高校学生管理工作为什么容易出现某种程度的宏观失控、微观紊乱的局面，也就不难理解大学生管理工作为什么多年来成为牵动全局的大问题。加强专职学生管理队伍的建设，并不是简单地追求数量的增加。正确的方针应该是在保证相当数量基础上的少而精，使学生管理干部向这方面的专家方向发展。因此，要纠正过去那种认为学生管理干部只要能领学生劳动、打扫卫生就行的错误思想，要纠正把学生管理干部当成"万金油"的错误倾向，有必要对高校现有的专职管理队伍进行适当的调整充实，对一些政治上、思想上不合格及部分能力偏低、难以胜任工作的人另行安排工作，把那些有事业心、有组织能力，政治觉悟高、业务好的同志充实到学生管理工作岗位上来。

同时，要积极从高校的学生管理专业、第二学士学位班中培养专职学生管理干部，从优秀的毕业生或研究生中选留有志于学生管理工作的同志充实管理队伍。加强专职学生管理队伍的建设还要求建立独立于专业教师外的专业技术职务晋升体系，大胆果断地破格提拔他们当中的优秀分子，放到工作第一线的关键位置上去锻炼，使他们从亲身的工作中体验到成长和进步，一旦这样的机制形成后，这支队伍就会越来越精，越来越强。

建立一支专职的学生管理队伍，能保证大学生管理工作的连续性、稳定性。但是，学生管理工作是多因素、多序列、多层次结构的综合体，与过去相比，管理的内容和形式都发生了很大的变化。可以说，一个学校，只要有学生，就有管理工作。无论从时间角度，还是从空间范围而言，学生管理工作无处不在、无时不有。显然，学生管理任务单靠少数专职管理人员是很难完成的，因此，必须建设一支宏大的兼职学生管理工作队伍。

所谓兼职学生管理工作队伍，主要是指由专业教师或其他职工兼任年级辅导员、班主任、学生导师，一般做法是从本校教师中，也可从研究生或本科高年级学生中及学校其他政工干部或管理干部中选拔聘任。教师兼职从事学生管理工作，不但是因为他们与学生有天然的师承关系，对学生有较大影响力，而且他们在与学生的接触中，能及时准确地掌握学生的思想、情感、个性等方面的变量，可以从管理的角度给学生指点方向。因此，把学生的教育管理工作渗透于业务教学之中是完全可行的。

高等学校职工，尤其是直接接触学生部门的职工，在某种意义上都是大学生的管理者。这些职工若都能配合学校的管理目标，从各自的工作实际出发，协助做有关的学生管理工作，那就会使管理队伍在更广阔的领域得到延伸，使其成为学生管理工作的新"能源"。

现在关键的问题在于，高校必须用政策去调动广大专业教师和其他职工兼职从事学生管理工作的积极性，调动他们教书育人、管理育人的工作热情。因此，高校必须在具体工作中，真正体现出在工作的评估、职务的聘用上，把是否兼职从事学生管理工作，以及是否教书育人、管理育人作为一个硬性指标，既有定性的评估，又有量化的考核，以此激励广大教职工积极投身到学生管理工作中去。

加强大学生管理队伍的组织建设，还意味着要加强有着浓厚学术性的学生管理、咨询、研究力量的配备工作。这些工作既要面对学生中涉及的政治、历史、人生观、价值观和精神卫生、行为规范的问题，又要为学校领导做好调研工作，起到某种智囊团的作用，即通过他们自觉地用党的方针政策、用教育理论和教育科学衡量学生管理工作，促使学生管理工作科学化，并经常研究学生管理工作的周期性、规律性，促使学生管理程序规范化，以取得最佳管理效果的方法来改进管理过程。这一方面的力量主要应来自有相当理论基础的教师和有丰富学生管理经验的专任干部。

三、大学生管理队伍制度建设

大学生管理队伍制度要求为大学生管理工作的高效、高质开展提供了人员、队伍方面的保证，可以说，它完成了大学生管理队伍建设方面的"硬件"建设。但是，一支优质的大学生管理队伍，还要靠不断提出新的要求，制订工作规划，进行组织培养，才能不断提高管理队伍的思想水平、管理能力和学术水平。因此，必须加强大学生管理队伍建设方面的"软件"制度建设。

长期以来，许多地方和学校对大学生管理队伍的制度建设并未给予足够重视，认为有没有制度都可以工作。因此，在学校里普遍存在大学生管理干部定编紧、补缺难、提升慢、待遇差的状况。而且，大学生管理工作缺乏明确的工作目标和职责范围，人们往往把任何与学生沾边的工作都推给大学生管理干部承担，结果造成工作任务分配不均衡。学生管理干部整天忙于应付各种差事，很难集中主要精力研究如何改进、提高学生管理工作。

为适应新形势对大学生管理工作的要求，必须确立大学生管理队伍的职责范围，建立有关规章制度，使大学生管理队伍建设规范化和科学化，使大学生管理工作在最有效的、最可靠的、最佳的状态下进行。

大学生管理队伍的制度建设包括的内容有：大学生管理干部的工作岗位责任制度、大学生管理干部的工作评价监督制度、大学生管理干部的晋升考核制度、大学生管理干部的培养进修制度、大学生管理干部的淘汰制度等。这些制度中，工作岗位责任制度和工作评价监督制度必须首先明确。

（一）大学生管理干部的工作岗位责任制度

大学生管理干部的工作岗位责任制度就是把学生管理工作的有关规定、要求、注意事项具体落实到每个管理者的一种责任制度，它使得每个管理工作者都有明确的分工和职责，并可为评价每个管理工作者的成绩提供依据。

各层次的大学生管理干部的工作岗位责任可大致划分为以下几处，具体内容如下：

校学生工作管理委员会主任肩负着统一指导和协调全校学生管理工作的重任，他要根据学校党委和行政学期工作计划，制订全校学生工作的学期计划，同时在学期内根据不同年级的不同特点，对阶段性的学生管理工作进行组织、安排和实施；定期分析学生思想动态，为党委和校长对学生管理工作的决策提供准确的材料；安排全校学生管理干部培训，并与人事处一起组织和落实学生管理干部的专业职务评定工作；根据全校学生管理工作的总体要求，协调全校各部门学生的思想教育、后勤服务、学籍管理等工作。

校学生工作委员会办公室（或学生处）主任在学工委领导下主管全校学生行政管理和思想教育工作。根据学工委的决定协调有关管理机构的学生管理工作，并积极配合、组织和检查基层学生管理工作；负责奖学金、贷学金的管理、评定、调整和发放；主管招生和分配工作；协助教务处进行学籍管理，办理退学、休学、复学和转学手续；检查和维护教学、生活秩序和纪律；统一处理学生来信及来访工作；掌握全校的学生统计工作。

系学生工作组组长在系党总支和系主任领导下，组织实施学生的学习活动和学生管理；认真组织和安排好政治学习和形势教育任务；抓好学生中党团的思想建设和组织建设；指导和支持年级辅导员、班主任开展工作；协助班主任做好学生操行评定、"三好"学生评比工作和毕业生分配工作，并努力掌握学生思想特点和发展变化规律，探索学生管理工作的经验。

年级辅导员负责统筹本年级或本专业学生日常思想政治教育和有关的学生管理工作，在系党总支领导下，组织好年级学生的政治形势教育、新生入学教育及学生在劳动、实习、军训、毕业分配中的思想政治教育工作；负责协调安排本年级学生的社会实践及课外公益等活动；根据本年级具体情况，制订学期工作计划，指导、检查班级计划实施情况；对学生的升留级、休学、复学、退学、奖惩、奖贷、品德评定、综合测评、毕业分配等工作提出具体意见；开展对工作对象、任务、方法等课题及有关理论的科学研究工作。

班主任是学校委派到班级指导学生学习，负责学生管理工作，并配合党团组织和年级辅导员开展学生思想教育和管理工作的教师。班主任要坚持四项基本原则，用爱国主义和共产主义思想教育学生；引导和督促学生，指导班级开展各种学习活动，帮助学生改进学习方法，不断提高学习效率，并起好教与学之间的桥梁作用；全面了解和掌握学生情况，做好本班学生的品德评定，德、智、体综合测评，评定奖学金、贷学金、困难补助、年度鉴定及毕业生鉴定等工作，做好班干部的选拔、培养和指导工作；指导学生的课余生活，加强学生的集体观念，培养团结向上的好班风。

导师由忠诚于人民教育事业、责任心强、品德高尚、教学经验较丰富、学术水平较高的讲师以上教师担任。导师工作侧重于学生专业学习的指导和学术思想的熏陶，兼顾思想政治教育工作，努力把思想政治工作深入专业学习的全过程，在对学生专业学习启发指导的同时，进行思想政治上的疏导；发现和推荐优秀学生，并向系提出破格培养的建议；全面关心学生，每年对所指导的学生进行考核，写出评语。

在建立具体的岗位责任制度时，应详细说明某一职位的大学生管理干部在任期内必须开展的工作有哪几方面，每一项工作要达到什么程度。而且，这些内容必须是有实践基础的，必须切合实际。

（二）大学生管理干部的工作评价监督制度

开展大学生管理干部的工作评价监督具有多方面的作用：首先，确定大学生管理工作的质量标准，建立科学的评价指标体系；其次，工作评价监督制度能使大学生管理干部找出差距、增强自我调节的机能，在优化整个大学生管理工作的同时，发挥自己的特长和优势，努力创造出管理工作的新水平；再次，它能调动大学生管理干部的工作热情，促进职能部门之间的竞争，有力地调动大学生管理干部的积极性；最后，实行工作评价监督制度能够为决策机关在决定管理工作者的职务晋升、薪金（包括奖金）调整、人事调动时提供科学合理的依据，避免凭个人印象决定、论资排辈依次轮流等不合理做法，从而提高大学生管理干部的工作积极性。因此，无论从加强管理队伍建设方面说，还是从强化管理工作者的素质、能力和工作责任感方面说，都必须积极开展管理队伍的工作评价监督工作。

开展大学生管理干部的工作评价监督工作，最关键的是建立有量和质概念的管理工作评价监督体系。一般而言，建立该体系应遵循以下几条原则：

（1）方向性的原则。评价干部的目的在于促进大学生管理工作的规范化、科学化，引导大学生管理干部立足现象，顾及长远，为培养社会主义建设所需的专门人才这一总目标高速、高效、高质地工作，力争大学生管理工作的最优化。

（2）可比性的原则。即评价的对象及其评价项目的确定必须有可比性，使评价项目有着基本相同的基础和条件，使各人之间可以按评价项目进行量和质的比较；同时，评价指标本身要尽可能量化，以期在更细的程度上求得同质和可比。对难以量化的指标则进行定性评议，使定量评价和定性评价有机结合起来，从而尽可能真实地反映出一个人的工作状况。

（3）科学性的原则。评价指标体系应能客观、真实、准确地反映各管理干部工作现状、成绩和水平。各级管理干部的管理工作相对独立而复杂，如年级辅导员，其工作范围非常广泛，建立指标项目不可能面面俱到，只能抓辅导员职责范围中的主要工作和集中反映辅导员工作成绩和水平的重要环节。

（4）可行性的原则。大学生管理干部工作评价指标体系应在不妨碍评价结果的必要精确度和可能性前提下，尽可能做到简要明白，简便易行，从而便于评价人员掌握和运用。

根据上述几条原则即可制定出一份与大学生管理干部的工作岗位责任制相符的、定性定量相结合的、侧重于定量的评价指标体系，并要求各层次干部按其职责和评价目标开展工作，尽职尽责地把工作做好，这是开展评价活动的出发点和最终目的。

第三节　大学生管理工作者的基本素质要求

一个学校，能否把学生培养成为充满朝气的，有开拓和创新精神，德、智、体全面发展的"四有"人才，在很大程度上取决于各级学生管理干部的素质。高校需要那些能够遵循教育规律，按照党的方针政策办事，熟悉大学的教育、教学活动和学生思想状况，具有一定马列主义素养，掌握一定的专业知识、管理知识、教育管理知识，作风正派，处事民主，事业心和责任感强，大公无私，富有创造精神、科学精神和自我牺牲精神的德才兼备的管理工作者来进行管理。因此，学校必须大力加强学生管理队伍的素质培养，努力建设一支思想过硬、作风扎实的科学化、高效率的学生管理队伍。

一、大学生管理工作者素质修养的重要性

社会政治经济环境的不断变化，不仅引起了人们经济生活的重大变化，而且也引起人们生活方式、思维方式和精神状态的重大变化。这些变化促使高校学生管理系统中两个活跃因素——管理干部和青年学生空前地活跃起来，形成了管理活动中最有生机而又不甚稳定的因素。

随着现代科学技术文化的迅速发展，诸如网络等社会传播媒介的作用不断加强，高校学生管理活动也将受到越来越大的冲击。在这种形势面前，若只用传统的管理思想、管理方法、管理手段去进行经验管理，势必会遇到不可克服的矛盾，因此，高校学生管理工作者必须加强素质修养，完善自己的知识结构，更新工作理念，改进工作方法，以提高管理效果。

（1）大学生管理工作是培育人的工作，必然要求管理工作者首先具有较高的素质修养。高校的根本任务就是为社会主义建设培养大量德、智、体全面发展的人才，毕业生将成为社会主义建设各条战线上的骨干力量，他们的政治思想素质、精神状态将决定国家和民族的未来。大学生管理工作者和教学工作者一样都肩负着重要的使命，广大管理工作者必须善于研究学生思想和行为的活动规律，既要善于掌握学生共有的思想活动规律，又要了解不同学生不同的思想活动规律；既要了解学生共有的心理活动，又必须了解不同学生千变万化的心理活动，并根据学生思想和心理活动的共性和特性，有的放矢地开展管理、教育工作。

显然，大学生管理工作比一般管理工作复杂得多，也困难得多，它必然要求学生管理干部有较高层次的素质修养。如果他们的水平跟不上实际需要，他们在学生中的威信就不会高，工作也将难以开展。任何管理工作都需要特殊本领，有的人可以当一个最有能力的革命家，却完全不适合做一个管理人员。要管理就要内行，就要精通生产的一切条件，就要懂得现代高度的生产技术，就要有一定的科学修养。一个好的业务教师不一定是个好的管理干部，而一个好的管理干部必须是一个好的教师。因此，管理工作者一方面要进一步提高对管理工作的认识，下决心选拔品学兼优的毕业生和业务教师来充实管理队伍；另一方面管理工作者要加强素质修养，努力学习掌握自己所从事工作必需的科学知识和业务知识，并逐步精通、掌握其客观规律，成为学生管理工作的专家。

（2）学生管理是个"言传""身带"的过程，这必然要求管理工作者全面加强素质修养。在学生管理工作中，"言传"是很重要的，如果没有马克思主义的基本理论和党的教育方针及有关大学生管理制度、规定的宣传、教育，就不可能有学生的自觉的规范行为。

但是，大学生管理系统作为"人—人"管理系统，与"人—机"系统的根本区别在于，它的工作对象是一个个有思想、有个性的朝气蓬勃的青年人，青年人的特点是都愿意获得教益，"身教"重于"言教"。如果没有管理工作者的率先垂范，身体力行，"言教"就成为"说教"，就不可能有多大的效果。

因此，学生管理工作者不仅要具有较高的思想理论素养，而且还要有良好的作风和品

德修养，在这些综合素养基础上形成自己的人格魅力，来吸引学生、教育学生，真正使自己既是教育者又是实践者，从而达到良好的管理效果。

由此可见，一个十分注意自己的思想意识和道德品质修养，注意理论学习和吸收新的知识，不断地改造自我主观世界，不断完善自我知识结构，不断改善管理工作方法的人，必然是一个深受广大学生欢迎的、卓有成效的管理工作者。

（3）新形势、新环境下的学生管理工作，必然要求管理工作者的素质修养具有时代精神。应当承认，在改革的时代，许多新的管理内容、管理形式和管理方法，在还没完全学会的时候，实际生活又为我们提出了许许多多新的理论、新的问题需要我们去探索。管理者的管理对象也在发生变化，现代的大学生较以前年代的学生来说，他们的政治素质、文化水平、专业知识正在不断地变化和提高，他们对社会生活的介入越来越深，他们的思想、观点及成果同社会进步、国家兴衰有着至关重要的联系。因此，这种情况给大学生管理工作带来了一定的难度，需要他们进一步加强管理的预见性、警觉性、原则性、示范性，需要更新观念，跟上时代，增加知识，提高本领。

目前，党和国家要求大学生管理工作要联系实际，要渗透到专业教学中去，使行为规范化成为学生的自觉行为，要和思想教育紧密结合，要努力创造一个和谐、健康、向上的育人环境，要有处理突发事件的能力等，所有这些，都使大学生管理工作具有很大的开拓性。毫无疑问，这对大学生管理工作者的素质修养提出了更高的要求。

应当说，大多数学生管理工作者是具有良好的素质修养的。但是，即使是对马克思主义理论已经了解比较多的，无产阶级立场比较坚定的人，也必须要再学习，要接受新事物，要研究新问题。提高素质修养是永无止境的，大学生管理工作者要以一个日益发展的现代世界为坐标来看待人们素质修养的提高，要及时调整工作姿态和知识结构，及时而科学地吸收人类创造的精神文明，使自己具备自我调节、变革自身的能力，不断地进行素质结构的新陈代谢，具有强烈的时代精神，在提高学生的思想、政治、文化素质方面积极地发挥应有的潜能作用。

二、大学生管理工作者提高素质的基本途径

加强学生管理工作者的基本素质培养，不仅是个人修养问题，而且还直接关系到这支队伍的管理效果和威信。因此，提高学生管理工作者的素质修养，是高等学校的一项长期任务，也是加强学生管理工作，更好地培养"四有"人才的当务之急。

要提高学生管理工作者的素质，使学生管理工作提高科学化水平，除了需要管理工作者本人勤于读书，勇于实践，善于总结，不断追求素质的自我完善外，更需要各学校从战略高度认清提高学生管理工作者素质修养的意义，积极探索能达到目的的有效途径。

（一）开展全员培训

学生管理工作涉及因素很多，是一个复杂的大系统。要完成这种具有强烈的科学性和探索性的学生管理任务，学生管理工作者的素质从总体上来说，其就不能仅仅具有文化知识和一般的管理经验，而且还应具有相当高的管理科学、教育科学及有关学科的理论素养，具有一定的科学研究的实践锻炼，具有一定的调查研究、系统分析、理论研究的

能力。

要想提高大学生管理工作者的素质，必须通过全员培训的途径，对在学校中从事学生管理工作的干部，不论何种学历、职务、年龄、职别，不论在何种岗位，都要无一例外地进行管理素质的培养、提高。首先，全员培训包括上岗前的基础培训，这是为取得学生管理岗位资格服务的；其次，经过一段管理实践之后进行人员的培训，以便从广度和深度两方面增加管理业务知识，进一步提高管理水平；最后是研讨性的培训，主要用以解决知识和理论的更新问题，通过研究讨论，促进学生管理工作者素质的提高。

（二）应用理论学习与研究实践相结合的方法

理论学习与研究实践相结合的方法，要求学校一方面能提出学生管理工作中需要探索研究的课题，鼓励广大学生管理工作者踊跃选择课题，组织立项研究，并对立项研究的课题提供必要的理论书籍、文献资料，为学习有关理论创造必要的条件；另一方面，制定学生管理改革的研究立项和研究成果的评审、奖励制度，在评定优秀成果时，要审查其立论的理论依据及理论飞跃的科学性，以此激发广大学生管理工作者有针对性地学习有关科学理论的积极性。另外，还可经常开展理论咨询、讨论等多种活动，组织学生管理工作者分析学生管理过程中出现的实际问题，总结实践经验，进行理性概括。这样，就有可能通过研究实际问题提高学生管理工作者的理论修养和各方面的素质水平。

（三）加强考核制度，实施奖励政策

对学生管理干部要定期考核其管理知识和相应的专业知识，考核其管理工作的技能和管理实践能力，形成其不断提高自身素质修养和管理水平的外在压力，对于一些在学生管理岗位上进行学生管理研究并取得成果，同时在管理实践中做出成绩的同志，授予相应的技术职务，对干部晋升，不仅依据其已有的工作成绩，而且还要有高水平的综合素质修养要求，并以此来测定和推断其对新的重任所可能承担的最大系数。对在学生管理领域的研究工作中取得显著成绩和优秀成果的管理工作者，应与取得其他科研成果的工作者同等对待，给以相应的表彰和奖励。

三、大学生管理工作者的素质要求

（一）具备思想政治素质

这是高校学生管理工作者应该具备的最基本的素质，具体包括以下几个方面：

（1）立场问题。所谓立场就是一个人在观察和处理问题时所处的地位和所抱的态度。学生管理工作者所从事的大学生管理工作是培养人才的工作，是一项政治性很强的工作。因此，学生管理工作者必须坚定地站在无产阶级立场上，忠诚党的教育事业，全心全意为人民服务；必须在思想上和政治上与党中央保持一致，做好学生的教育和管理工作。

（2）思想观点。它与立场是统一的，一定的立场决定一定的观点。只有确立坚定的立场，才能更好地去观察、研究和解决问题。这就要求其必须树立正确的思想观点，坚持全心全意为人民服务，以党的群众路线为基本观点，这是做好学生管理工作的可靠的思想前提。

（3）政治品质。其主要表现是：忠于党和人民，在任何情况下，坚持革命原则，对人对事不带个人成见，不以个人好恶为转移，襟怀坦白，光明磊落。有没有高尚的政治品质对于学生管理工作者来说不仅涉及个人的组织性修养，也直接关系到按党的政策，把广大学生的好思多学的积极性引导到正确的轨道及团结到党的周围。

（4）政策水平。主要指认识党的政策、理解党的政策、执行党的政策的水平，就是能够按照党的政策结合学生实际情况正确区分和处理不同性质的矛盾，正确区分政治问题、思想意识问题、认识问题和一般学术问题的界限，有效地做好学生管理工作。

（二）具备知识素质

学生管理工作既有理论性又有实践性，管理的对象又是具有较高文化素质和丰富知识的青年学生，因此，大学生管理工作者在总体上必须有相当高的知识水平。具体来说，学生管理工作者的知识素质包括四个方面：

（1）马克思主义的理论基础。高等学校是各种政治思想、学术观点集中反映的地方，当代大学生往往又具有思想活跃、勤于思考等特点，他们愿意接受真理，但服理不服压，他们涉猎的知识面比较宽，但由于受社会阅历等限制，政策水平、理论修养、判别能力较低。

因此，学生管理工作者只有努力学习马克思主义基本理论，"不惟明字句，而且得精神"，自觉而牢固地以马克思主义的立场、观点、方法去指导管理工作，才能在各种思想观点面前目光敏锐，明辨是非，站稳立场，也才能引导青年学生坚持四项基本原则、坚持社会主义的改革方向。

（2）学生管理方面的知识。要掌握一些管理的科学与艺术，掌握管理的技术和方法；要了解教育学、心理学、社会学等学科的知识，使自己具有决策、计划、组织、指挥等实际管理能力；强调管理方面的专业知识，就是要求"行管理"。学生管理工作者应努力学习，提高自己管理专业知识方面的基本素质，提高自己的管理才能，逐渐使自己成为合格的管理者。

（3）尽可能了解与学生专业有关的基础知识，掌握教学规律。有条件的还可兼任一些教学工作，如"两课"的教学或专业课的教学，从而有利于学生管理与业务学习有机地结合起来，并建立威信。

（4）与学生兴趣、爱好有关的知识，如文学、史学、艺术、体育等学科知识。当代大学生喜欢从一些人物传记、格言和文学艺术作品中找到自己的影子和楷模，学生管理干部运用这些东西可帮助学生加深对问题的理解，也能与学生有更多的共同语言，使管理工作更有成效。

（三）具备能力素质

这是指以马克思主义为指导，运用各种知识，独立地从事管理工作，开拓前进，解决现实问题的本领。对大学生管理工作者来说，他们的能力素质，最集中地体现在管理能力上。在复杂的环境下，这种管理能力在两方面表现得十分突出，具体如下：

一是综合能力。管理工作者面对的是为数众多、情况各异的大学生。这些大学生由于家庭环境、个人阅历、政治面貌、品质性格、志趣爱好及年龄上的差异，他们对社会、学校、家庭等各种事物的反应也就不同，从而构成了千差万别的思想，并在学习、生活等方面反映出来。

二是分析研究能力，包括调查研究能力和理论研究能力。调查研究能力主要指深入学生之中，掌握第一手材料，经过分析和综合研究，全面掌握大学生情况的能力。理论研究能力主要是指结合实际工作独立进行分析研究，并使之上升到理论的能力，通过研究，找出管理工作的规律性东西，以推动学科的发展，指导管理工作。

（四）具备道德素质和性格修养

大学生管理工作者具备高尚的道德素质和良好的性格修养，不仅对做好管理工作本身大有益处，而且能够对青年学生产生教育作用，且其意义更为重大。学生管理工作者必须能为人师表，要谦虚谨慎，勤勉好学，实事求是，作风正派，办事公正，吃苦在前，享受在后，待人热诚，举止文明，从他们的言行中，广大青年学生就能汲取良好道德品质的营养。

高校学生理论水平较高，认识能力较强，他们对管理者的工作有相当的评价能力，从这种意义上说，学生管理工作者经常处于被彻底剖析、被严格监督的地位，经常会听到严肃的批评意见，有时也会产生歪曲的评价，因此，管理工作者只有胸怀坦荡，宽容虚心，经得起批评，才能增强管理工作能力。

第四节　热爱管理工作　成为管理专家

学生管理工作不仅是一种艺术，同时也是一门科学，一门应用性科学。广大管理工作者既要热爱学生管理工作，又要全面掌握学生管理的科学方法，积极探索学生管理的科学规律，努力使自己成为一个新时期的大学生管理科学专家。

一、管理工作者要有强烈的责任感和自我牺牲精神

相对于其他工作来说，大学生管理有其自身的特点。第一是学生管理的周期长，见效慢，"十年树木，百年树人"。它不像物质生产那么快，见效那么显著，利益那么直接。第二，与上述特点联系的是，大学生管理工作比较艰巨、复杂。大学生的学习、成长过程本身是一个复杂的劳动过程，指挥引导这项劳动的学生管理工作，又是一个多层次、多序列、多结构的协调工作，而工作的对象都是些思维较敏捷、自主意识较强的青年人。第三，当前我国改革动态过程中出现的各种碰撞和摩擦形成的难点、热点、疑点带来学生思想的错综复杂、千变万化，而国外敌对势力的"不战而胜"的阴谋及国内资产阶级自由化思潮的不断影响，给学生管理工作增加了复杂性和困难性。第四，大学生管理工作者年复一年送走成百上千学生，他们将成为国家栋梁，而管理工作者本身两袖清风、默默无闻。这一切充分说明大学生管理工作者工作艰巨，责任重大，任务光荣。

大学生管理的这些特点决定了管理工作者必须忠诚于党的教育事业，具有较高的责任感、无私无畏的胆量和献身精神，坚持原则、克服困难，正确贯彻党的方针政策，按科学规律和"四有"人才规格，做好大学生管理工作。

事业心与责任感是相联系的。它综合表现于安心学生管理工作，体会到从事学生管理

工作的极大乐趣和满足，热爱学生，对管理好学生充满信心，认真负责，一丝不苟，有一种专注和刻苦的精神，始终表现出热情和干劲。

事业心和责任感是衡量大学生管理工作者是否热爱本职工作的试金石。许多高校都制定了有关工作条例或职责，但是再详细的条例或职责总不可能把纷繁复杂的实际工作都包括进去，因此，关键在于管理工作者的强烈的事业心和高度的责任感。有了事业心和责任感，他们的主观能动性就能充分发挥，创造出生动活泼、行之有效的管理形式和方法。反之，如果对这项工作没有认识，不热爱，只考虑个人得失，没有一点自我牺牲精神，那就很难发挥出主观能动性，很难把学生管理工作干好。

二、管理工作者应立志成为新时期的学生管理专家

大学生管理工作是一项特殊的社会活动。学生管理工作必须从经验走向科学，才能适应现代社会发展的需要，才能适应现代大学生思想行为变化的特点。要实现学生管理工作的科学化，广大学生管理工作者就应立志掌握科学的管理方法，成为新时期大学生管理的专家。

新时期的大学生管理专家应具备哪些特点呢？我们认为：第一，必须具有较扎实的马克思主义理论基础，懂得社会主义初级阶段的教育和大学生管理工作的基本理论、方针、政策；熟悉现有大学生管理及大学生思想行为发展的基本规律和主要特点；善于结合本校学生管理工作实际，创造性地发挥优势，创造出自己的学生管理特色。第二，热爱学生管理工作，有献身精神，既具有宏观上的战略眼光，又具有扎扎实实的学生管理实践精神。第三，具有深厚的学生管理方面的理论基础和广博的科学知识，建立起一个不断同外界交换信息的、不断发展的、动态的耗散结构，进而达到得心应手地运用所储备的科学文化知识来从事学生管理工作的境界，并能不断地改革、创新、开拓、前进。第四，结合自己丰富的实践经验，自觉地开展理论研究，寻求学生管理工作中带规律性的东西，在实际工作和科学研究中都有所建树。

的确，这个要求不低，但也并非可望而不可即，关键在于大学生管理工作者个人的努力。我们并非说非要条条具备才能从事学生管理工作，而是说，大学生管理工作者都应当朝着这个方向发展，努力把自己锻炼成为学生管理专家。

现在的大学生管理工作很难做。学生管理工作者在实践中所遇到的情况是千变万化的，他的工作对象也是千差万别的，既不能用一个模式去硬套，也不可能超脱现实撒手不管。我们只有主动调整自己的工作路子，积极对学生管理工作的原理、规律、方法、手段、成效、改革等诸方面进行深入研究和探索，把经验上升为科学理论，才有可能在工作上有所建树。而这种不断提高自己的思想水平和理论水平，提高工作的辐射能力与应变能力的过程的不断循环往复，本身就是学生管理专家的成长过程。在这个过程中，大学生管理工作者应努力做到：

（一）要立志成为新时期学生管理专家

目前我国大学生管理工作正处在一个继往开来的时期，如何认识学生管理工作的地位、作用，如何掌握其规律、原则、方法，如何围绕培养"四有"新人的目标进行改革、

加强和完善学生管理工作等，都是亟待解决的理论问题和实践课题。它为广大学生管理工作者开展科学管理的研究提供了广阔的天地和背景，也给广大学生管理工作者进行科学管理工作实践提供了得天独厚的条件。只要破除学生管理工作不能成"家"成名的陈腐观念，树立了学生管理也是一门科学，也能成为专家的新观念，并坚韧不拔地去探索追求，就有可能取得丰硕成果。现在人们普遍有一种认识上的偏颇，好像学校里只有业务教师才能成为教授、专家，学生管理工作者只有去兼一门课，才算懂业务，才算有学问。这种观点是狭隘的。

（二）勤奋学习，勇于实践

任何事业的成功离不开工作者自身的知识结构和实践精神。深厚的科学基础知识、系统的管理专业知识及其在实践中的灵活运用程度，决定了学生管理工作者的发展潜力。一般来说，知识修养越丰厚，知识结构越合理，并且肯于实践，善于总结，勇于探索，敏于新事物，则其创造性也就越大，成果也就越多。相反，知识面狭窄，萧规曹随，宏观上缺乏战略眼光，微观上又不屑于学习管理实践，那永远不可能创新、进步。目前，学生管理工作者的理论素养和知识结构是成为管理专家的主要障碍。因此，学生管理工作者必须如饥似渴地汲取科学知识，并使各种知识互相渗透，互相补充，做到博采众家，自成一体，并具有从一个领域到另一个领域的转换能力。

（三）要具有百折不挠的拼搏精神

学生管理工作与其他事情一样，既有成功的希望，也有失败的可能。因此，学生管理工作者就要有努力拼搏的竞争精神，去争取事业的成功和发展，以坚强的毅力、不达目的决不罢休的精神，去实现自己的管理目标。同时，学生管理工作者又要有善于校正航向的"柔性"，利用各种形式的信息反馈，进行及时修正、充实。这样，学生管理工作者才有可能处顺境而不骄不躁，临逆境而不馁不伤，也才有希望达到光辉的顶点。

大学生管理工作尽管其内容纷繁复杂，但它有明确的方针可以照办，有行之有效的管理经验可供借鉴，也有较为普遍的规律可资遵循，只要广大学生管理工作者在党的方针政策指引下，自觉、自知、自强、自立，在工作中学习，在管理实践中提高，就一定能把自己锻炼成符合时代要求的、为广大青年学生欢迎的大学管理专家。

三、管理工作者应掌握科学管理方法

我们知道，管理工作中的一些重大发展和推进，无不是以方法的变革和更新为先导的。科学的管理方法是哲学和数学的结合，是硬科学与软科学的结合，是定性与变量的结合，是思维与工具的结合，是大量科学的融汇与交叉。在学生管理工作中，充分发挥科学管理方法的作用，是十分重要和迫切的。

学生管理工作者要掌握科学的管理方法，从根本上说，当然是马克思主义的唯物辩证的方法，这是最科学的方法，它永远不会过时，但它又是发展的，随着社会实践的进步而不断丰富自己的内容。在现代管理实践中发展起来的系统论方法、信息论方法、行为管理科学方法等，具有其内在的科学性。学生管理工作者应掌握这些科学的方法来指导学生管理工作。

社会主义大学学生思想政治教育管理，应该是科学的、民主的，能反映社会主义教育的本质及其规律，体现社会主义人与人之间的相互关系。这就需要正确处理教育管理过程中的各种矛盾，正确处理几个主要关系。

（一）行政管理与思想政治教育的关系

在培养教育学生的工作中，思想政治教育和行政管理相辅相成。学校培养学生的共产主义思想政治品德，既需要耐心细致的说理教育，也需要坚持不懈的行为训练，使学校的教育要求变为学生的行为习惯。不注意培养学生的行为习惯，教育的效果就不会巩固。而学生良好的行为习惯的训练和培养，离不开严密的管理。没有合理的得到彻底实行的管理制度，没有合理的行为规范，思想政治教育就会空泛无力，良好的行为习惯也难以养成。行政管理在培养社会主义新人的事业中具有不容忽视的作用，它为教育工作提供规范、准则和纪律保证。发挥组织和纪律的权威作用，令行禁止，扶正祛邪，是形成学生良好思想政治品德的重要条件。以说服教育为主，但不能否定必要的管理，不能否定必要的规章制度，不能搞无政府主义而有害于大学生、研究生的健康成长。当然，这丝毫也不意味着可以任意夸大行政管理的作用，离开思想政治教育，单纯依靠行政管理手段，依靠校规校纪去解决学生中的一切问题。想简单地运用管理制度去解决学生复杂的精神世界问题的主张，是违背社会主义教育的宗旨和规律的。社会主义大学的管理，首先是一种教育手段，离开了教育人、培养人的目标，既失去管理的目的，也不能真正实现管理的效能。因此，思想政治教育与行政管理相结合，是由我国大学管理的社会主义性质所决定的。

正确处理思想政治教育和行政管理的关系，首先应该明确学生思想政治教育管理是以教育培养学生为根本目的的。学校管理制度和学生行为规范的制定与实施，都要着眼于保证培养目标的实现，促进学生健康成长。其次，要把思想政治教育贯穿于管理工作的始终，使管理过程成为对学生进行思想政治教育的过程。学校应该针对学生的实际情况向学生宣传讲解规章、制度、守则的内容、要求和意义，教育学生自觉遵守、相互督促，要善于经常以正反面的事例鼓励学生加强自身修养，积极向上，防微杜渐，以社会主义精神文明的要求鞭策自己。再次，要充分发挥行政管理的教育效能。对于管理制度和准则的宣传与严格而正确的执行，都是一种教育方式。例如，严格执行纪律，"惩前毖后、治病救人"，剖析典型违犯纪律事件的性质、根源和危害性，引导学生总结经验教训等，都可以使学生从生动的实例中认识管理制度的必要性，从而自觉地以学校规定的制度和准则作为自己行动的规范。

（二）学校教育管理与学生自我教育

在进行思想政治教育管理的过程中，既要发挥教育者（管理者）的主导作用，又要引导和培养受教育者自我教育、自我修养的能力，否定、轻视教育者（管理者）的主导地位和忽视、低估受教育者的能动作用都是片面的。在教育管理过程中，教育者与受教育者双方和谐的密切合作的关系，是实现教育管理效果的必不可少的因素。

学校行使教育管理职能的，主要是党政部门、教学部门和总务部门。学生教育要求的实施，管理制度的执行，正常的教学、生活秩序的维护，思想政治品德的培养，都同党政干部、教师和职工的工作密切相关。不尊重和依靠干部、教师发挥管理职能，否定他们的主导作用，教育任务就会落空，管理制度也形同虚设，学校领导要明确各个教育管理部门的职责范围，尊重和发挥教育者（管理者）的主导作用，鼓励和支持他们在实践中逐步改进和完善教育管理的内容和形式。教育管理人员要充分认识自己的光荣职责，以身作则，为人师表，按照学生成长的规律，掌握教育管理的艺术，把教育管理转化为学生的自我教育、自我管理。

大学生、研究生的自我教育、自我管理具有特殊的重要性，是教育管理能否奏效的关键。大学生、研究生的重要特点之一就在于他们已有较强的自我管理、民主自治的能力，他们不只是教育管理的对象，也是教育管理中的依靠力量。正因为这样，大学生思想政治教育管理工作才真正有了群众的基础。深入了解教育对象，做他们的知心朋友，充分调动他们的主观能动性，使他们生动活泼地主动地得到全面发展，正是教育者发挥主导作用的重要内容。受教育者的能动作用主要表现在学生要成为学习的主人，在校内外的学习、生活、工作、业余活动等各方面具有独立自主的品格，如具有独立获得知识技能、独立生活、自我教育管理等能力。但是，青年毕竟还处于成长过程中，各方面还不够成熟，他们能动作用的发挥，还必须有教育的正确引导。学校领导要在学生中积极发展民主管理活动，要放手让学生会、社团、协会和广大学生在各级党政组织、政工干部和教师的指导下，结合青年的兴趣爱好，采取多种多样的形式，自己提出问题、研究问题和解决问题，要善于发现和推广学生自我管理的各种有效形式，如"文明宿舍""文明监督岗""新风台"等学生自己创造的活动，发动学生自己起来建设社会主义精神文明。学生会及学生社团要以主人翁的态度参加学生教育、管理工作。在党的领导下，学生自我教育和自我管理，可以经受民主自治锻炼，增长才干，发展智能，促进全面发展，在集体的民主生活实践中养成民主习惯，继承与发扬党的优良传统。

（三）严格要求与尊重学生

教育和管理总是表现为对受教育者的某种要求，没有严格的要求，就谈不上实现教育管理的效能。坚持严格要求，在学生面前不断展示新的更高的目标，才能促使学生为实现这样的目标而调动自己的内在动力，纠正业已形成的不良思想和行为习惯。所谓严格要求，一是教育要求和管理制度应该反映社会和时代对于大学生的基本要求，凡是一个大学生所必须达到的思想政治品德方面的规格，凡是学校教学和生活秩序所必需的，就要在教育过程中明确提出，在制度、守则中明确规定，体现出教育和管理的严肃性。二是凡属教育过程和管理制度所规定的要求，必须严格执行，赏罚分明，不能马虎迁就。提了要求不能兑现，定了制度不能严格执行，就失去了教育和管理的作用。

严格要求是培养学生良好的思想政治品德的外部动力，还必须通过学生自觉的能动作用才能实现。要使学校的严格要求转变为学生的自觉行动，教育者（管理者）要注意发挥学生的积极性、主动性和创造性，要尊重学生。大学生、研究生自我意识增强，具有较强的自尊心，学校的教育管理如能尊重学生，就能事半功倍，如果忽视甚至挫伤了他们的自尊心，效果则相反。因此，把严格要求和尊重学生结合起来，是学生思想政治教育管理的一条重要原则，也是学校教育管理工作的一种艺术。

所谓尊重学生，一般说来应该注意：①尊重学生的人格。学生在生活上渐趋独立，要求以社会一员的资格参与社会生活，要求把他们当作知识分子看待。学校要善于把学生的这种自尊心变为他们对社会和集体的责任心，变成他们马克思主义的坚定信念和严格要求自己的力量。在方式方法上，要注意正面引导，避免消极堵塞，注意平等相待，防止简单粗暴。对违反纪律的学生，应严肃批评和处理，不要训斥歧视，不能侮辱人格。②重视学生的身心特点。大学生多数处于青年中期，具有青年人所特有的生理和心理特点。他们正在长身体、长知识，精力充沛，求知欲强，渴求新奇，兴趣广泛；他们情感丰富而热烈，易受外界影响而呈现起伏波动；他们的人生观正在形成，富于理想，由于缺乏社会生活的实际体验，常常要求过高而陷于理想与现实的矛盾之中；他们渴望友谊和交往，随着性机能的成熟和性意识的增强，开始思考恋爱和婚姻问题，等等。这些特点中，积极因素是主要的，也有某些消极因素。教育者（管理者）要善于发挥其积极因素的作用，并通过引导，将消极因素转变为积极因素，要创造条件满足其合理要求，不要由于出现了少数人的出格行为而因噎废食，对他们的正当活动横加干涉、限制，把他们管得过死，对他们由于幼稚而出现的这样那样的缺点，宜多用教育引导的方法，少用或尽可能不用行政命令的方法。在对待学生的业余生活、友谊交往和恋爱等问题上，管理工作者尤其要注意这一点。③尊重学生的个性。学校通过制定规章、制度和守则，实施管理，规范学生的行动，要求学生置个人于集体之中。但由于他们的年龄、所处环境和经历的不同，各人又有不同的个性特征。教育是形成和发展个性的重要因素，学校加强教育和管理并不是抹杀学生的个性，而是为了保证学生个性的发展和完善。学校的教育管理应该充分照顾学生的个性差异，不要把统一要求变成个性的"模式化"，对学生正当的兴趣爱好，正常的行为习惯，不要干涉，不要限制过死，应使教育管理有利于促进学生形成符合社会主义精神文明要求的丰富的个性。

（四）严肃执行纪律与解决实际问题

在学生思想政治教育管理中，为了维护正常的教学、生活秩序，养成集体生活的良好习惯，规定和执行严明的纪律是完全必要的。这就要求在发生危害公共生活准则的违纪行为时，严肃执行校规校纪，只有这样，才能是非分明，长善救失，有利于学校的教育工作。但是，在学生中发生的诸多矛盾、纠纷甚至违纪事件里，既有思想认识和品德方面的问题，也有不少实际问题。认真负责地解决这些实际问题，不仅可以使学校的管理制度得以有效地执行，而且学生从中也体会到组织的关怀和温暖，这本身也是对学生的一种教育，能使学生自觉配合学校的管理，把执行纪律和解决实际问题结合起来，真正实现教育管理的积极作用。

教育管理部门要明确，学生教育管理的根本目的，不是消极地约束学生，而是为了维护集体生活的正常秩序，保证学生的全面发展。因此，加强和改善学生的教育管理不仅要求学生严格执行学校规章制度，而且也要求学校教育管理部门改进工作，切实解决学生生活中的各种实际问题。例如搞好食堂、图书馆，改善学生自修条件，丰富学生业余生活等，保证学生良好的学习生活环境。在处理学生中的矛盾和纠纷时，管理工作者要实事求是地分析，把学生的思想品德问题和实际问题区别开来，妥善处理。由于学校工作上的缺陷或疏漏而引起的某些实际问题，学校有关管理部门应主动承担责任，努力改进工作，使学生口服心服，从中接受教育。学校教育管理部门应经常倾听学生的呼声，关心他们的学习与生活，主动解决各种可能解决的问题。有些一时尚不能解决的问题，一方面要向学生说明情况，争取他们的配合，另一方面要积极创造条件，力争尽快解决，把工作做在前头。

第五章 大学校园文化建设与管理

第一节 大学校园文化管理的任务、原则和方法

正确认识和全面理解大学校园文化管理的基本任务，是进行大学校园文化管理的重要步骤和最基本的要求，完成大学校园文化管理的基本任务必须遵循一定的原则，这就是大学校园文化管理的原则。大学校园文化管理原则起着统摄一切活动的作用，它是搞好校园文化管理的保证。明确了管理任务，遵循了管理原则，还必须有正确的有效的管理方法，否则，缺乏正确有效的方法，或者方法使用不当，大学校园文化建设的任务就难以完成。

一、大学校园文化管理的任务

大学校园文化管理的基本任务是利用现代科学管理的最新成果，依照党的教育方针、政策，充分利用人力、物力、财力，花较少的代价，取得最大的社会效益，促进大学校园文化的发展。具体地说，大学校园文化管理的基本任务主要有宏观管理任务和微观管理任务两大方面。

（一）宏观管理任务

宏观管理任务就是运用法纪手段、经济手段、行政手段，对大学校园文化建设进行计划调控。

首先，确立大学校园文化建设的发展目标。目标通常是指某一行动所达到的最终目的或某项工作所预期达到某种结果的标准、规格、状态。目标和管理是紧密联系在一起的，它不仅是管理的出发点、依据和归宿，而且本身就具有明显的管理功能，它具有指向、激励和行为标准的作用。因此，大学各级管理部门应该首先根据客观规律和培养社会主义建设人才的需要及本校的实际情况，确立本校校园文化发展的远期目标、近期目标和各年度各种活动的具体目标，并具体落实到部门和个人，使大学校园文化的管理有较强的计划性。

其次，充分运用各种调控手段。各种调控手段是大学校园文化宏观管理的有力保证，在宏观管理过程中，加强各种调控手段的实施，可以保证管理的实际效果。一方面，要加强经济手段。大学校园文化管理的目标一经确定，必须迅速地贯彻执行，落实到具体的活动和行动中去。在这个过程中，为了保证大学校园文化管理目标的实现，学校可根据需要加强投资，增加拨款，使大学校园文化管理现代化。另一方面，要改进行政手段。行政手段是我们过去惯用的管理措施，目前仍然发挥着重要的作用，尤其是某些特定的管理活动，如大学校园文化市场的净化，大学校园学术活动的进一步规范和完善等，行政手段往往起着不可替代的作用。所以，要在不断变化的现实情况中，不断改进管理手段，保证大

学校园文化健康发展。

此外，还要制定和完善大学校园文化管理的法规和各种规章制度。大学校园作为培养人才的基地，对教育对象施以教育说服方法固然起着重要作用，但由于大学培养对象大都是18周岁以上的成年人，他们已经具有鉴别认识能力，因此对一些屡教不改、明知故犯的人还必须绳之以法、警之以规，最终达到优化大学校园文化环境的目的。所以，完善的法规和各种规章制度在大学校园文化管理中具有不可替代的作用。大学校园文化法规必须依据《中华人民共和国教育法》的规定，结合大学教育的规律和特点来制定，做到切实可行。

（二）微观管理任务

微观管理任务就是通过对大学校园文化队伍管理、活动管理、设施管理、制度管理和财务管理，形成竞争机制和强化激励机制，施以压力和动力，实现优胜劣汰，奖勤罚懒，使之与宏观管理相互结合和配合，促进大学校园文化管理的科学化。

队伍管理是加强大学校园文化管理的一项关键工作。在社会主义市场经济的大环境里，过去惯用的管理手段，如通过加强思想政治工作使每个管理者树立高度的责任感和奉献精神，根据不同工作岗位的特殊要求适当配备管理干部，经常的干部培训等手段，固然很重要，但仅停留在这个水平上已经不能满足大学校园文化管理的需要了。因为在市场经济条件下，人们的价值观念已有了变化，必须引进激励机制，把目标激励引进干部队伍管理中去，使干部队伍一方面为完成大学校园文化管理目标，不断地追求，努力地工作，自觉地奉献，同时也真正使成绩优异者得到提拔和奖励，业务平庸和不思进取者则受到警告或处罚。大学校园文化活动是以学生和教职工为主体的群众性文化活动，师生员工既是大学校园文化活动的参与者，同时又是活动的组织者。大学校园文化主管部门对大学校园文化活动的管理，既要加强领导，严格把关，又要尽可能放权，积极支持。一方面，凡开展较大活动，主办单位要向主管部门上报活动方案，对健康有益的文化活动，主管部门要给予大力支持帮助，对内容不健康或有碍正常教学活动进行的文化活动，则应坚持原则，坚决取消，要注重引导，提高活动的质量。大学校园文化活动不应只停留在过去的文体活动这种初级的娱乐文化上，而应转移到学术、科技活动这样的高水平活动上来，鼓励学生从事学术研究，繁荣学术文化。因为在市场经济条件下，只有科技的进步，才能推动经济的发展。作为经济建设后备军的大学生，如果没有一定的科技活动能力，就无法适应市场经济发展的需要。要做好检查评比工作，总结经验，表彰先进，肯定、激励师生员工的热情，发现问题，及时纠正，必要时给以处罚。另一方面，领导要立足基层，切实调动并保护工会、共青团、学生会、学生社团的积极性、主动性、创造性，充分发挥它们的作用，从而达到繁荣大学校园文化的目的，创造一个健康文明、民主和谐、生动活泼、富于激励的大学校园文化环境。

大学校园文化设施，主要是指开展大学校园文化活动的场所、设备、器材等，如礼堂、展览厅、实验室、演播厅、舞场、各种文体活动器材等。建设和发展大学校园文化，如果没有相应的文化设施，在一定程度上可谓"巧妇难为无米之炊"。然而，有了必要的文化设施而没有相应的管理措施，不仅影响校园文化活动的正常开展，甚至会毁坏各种设施，既影响大学校园文化活动的开展，又会使学校蒙受经济损失。所以，必须加强设备器材等文化设施的使用和管理，运用法规手段、行政手段和思想教育手段等激励约束机制进行管理。只有加强管理，才能有效地延长场地、设备、器材的使用时间，提高其利用率，发挥其更大的效益。

大学校园文化制度是文化环境、文化设施和文化组织的延伸，一定的校园环境、设施和组织，如果没有相适应的制度就无法使大学校园文化有序化。目前，大学校园文化建设还没有引起一些学校的足够重视，这些学校校园文化设施不够完善，资金比较缺乏，大学校园文化干部人数较少而且队伍不稳定，少数学校还不能正确处理好第一课堂和第二课堂的关系，大学校园文化的职能组织机构和专门组织机构职责分工尚不明确等。为此，需要制定各种规章制度，明确大学校园文化的方针、任务，做到有章可循。规章制度一旦形成公布，就要认真贯彻落实，并根据需要做出必要的修订，使之日臻完善。

大学校园文化的财务管理就是大学校园文化活动的经费管理。经费是校园文化活动的命脉，没有经费，大学校园文化活动将难以开展；有了经费，如果管理不当，也会给大学校园文化活动带来人为的矛盾。经费来源的有限性与事业发展的无限性的矛盾贯穿于大学校园文化工作的全过程。要缓解这一矛盾，必须最大效益地利用经费，也即解决能否合理地、科学地管理经费的问题。首先，要根据大学校园文化管理的目标，在周密预测的基础上，合理安排年度预算。在经费开支过程中，必须严格执行财务制度和财经纪律，强化监督和控制，定期进行财务检查，使各种经费支出项目经得起审计。其次，要在经费的使用上合理地开支，必须根据大学校园文化建设的速度和规模的需要，从实际出发，讲求实效，量力而行，不应收费的坚决不收费，需要收费的活动则适当收费。必须把社会效益放在首位，在此基础上，争取社会效益与经济效益双丰收。再次，要在每一年度终了的时候，进行年终决算，总结经验教训，改进财务管理。

二、大学校园文化管理的原则

在大学校园文化管理工作中，管理原则起着统摄一切的作用，它是管人、理财、用物、处事所依据的基本原则。主要有以下几个原则：

首先是坚持社会主义方向性原则。大学校园文化建设的总目标是培养德、智、体全面发展，有理想、有道德、有文化、有纪律的社会主义事业的建设者和接班人。这就决定了大学校园文化管理必须坚持党的领导，坚持社会主义，坚持人民民主专政，坚持马克思列宁主义、毛泽东思想、邓小平理论、"三个代表"重要思想、科学发展观、习近平新时代中国特色社会主义思想，发扬共产主义道德风尚，自觉抵制和消除资产阶级自由化思潮及社会不正之风的侵袭和影响。

其次是系统管理的原则。大学校园文化建设是一个系统工程。在这个系统工程中，每个单位、每个人、每个管理对象都不可能是孤立的，它既在自己的系统之内，它既在自己的系统之内，同时还处在一个更大的社会文化系统的范围之内。同时还处在一个更大的社会文化系统的范围之内。因此，为了达到最优化的管理，必须进行充分的系统分析，这就是系统管理的原则。系统管理的原则要求在进行大学校园文化管理时，必须处理好以下几方面的关系，一是大学校园文化与社会文化的关系，二是大学校园文化内部各个分系统之间的关系，三是大学校园文化与中小学校园文化的关系。大学校园文化的管理者在采取每一个管理措施时，只有处理好了这几种关系，才能发挥最大的功能，达到最优化的管理。

再次是民主性原则。大学校园文化管理的民主性原则，要求大学校园文化管理人员在工作中要充分尊重从事大学校园文化活动的群众，发挥他们的积极性、主动性和创造性，善于集中群众的智慧，实行民主管理。民主管理并不是撒手不管，任其自然发展，而是既要充分依靠和发挥师生员工的积极性和创新精神，又要对其积极引导。对师生员工的文化行为，有益的，要积极支持；无害的，要宽容引导；有害的，要坚决反对，并采取措施，予以抵制。

最后是效益原则。在大学校园文化管理中，要以最少的人力、物力、财力，用最短的时间，完成最多的工作任务，用最小的耗费取得最大的效果，这就是效益原则。判断大学校园文化管理的有效性，不是以管理者的主观意志为转移，而是以社会效益为准则的。为此，必须做好以下几方面的工作：一是树立效益观念，注重节约，用最少的人力、物力、财力，尽可能满足师生员工多方面的文化精神生活需求。二是开展活动以师生员工喜闻乐见及所产生的社会效益能被师生员工承认为目的。三是注意信息反馈，实践是检验真理的唯一标准，每次活动过后，都有必要认真总结该次活动是否达到了预期的目的，是否产生了良好的社会效益，为此，必须建立相应的信息反馈系统，坚持不懈地进行收集和整理工作，从而使大学校园文化建设始终在正确的轨道上健康发展。

三、大学校园文化管理的方法和艺术

长期以来，在大学校园文化管理中形成了一系列有效的管理方法和管理艺术，我们必须加以继承和发扬，并在此基础上大胆创新，探索大学校园文化管理的新方法和新艺术。

(一) 管理方法

大学校园文化的管理方法，主要有以下几种：

1. 目标管理法

这是一种传统的管理方法，而且也是一种有效的管理方法。在目标管理中必须注意处理好总体目标与分段目标的关系、活动目标与管理目标的关系。分段目标是根据总体目标制定的，是总体目标的具体化。活动目标是实施分段目标而进行的具体活动所要达到的效果，管理目标依据于活动目标。在社会主义市场经济条件下的今天，实施目标管理法，必须引入竞争机制和激励机制，充分调动人们的积极性，焕发人的内在动力，奖勤罚懒，优胜劣汰，同时坚持效益原则，用较少的人力、物力和财力取得最好的社会效益。

2. 民主管理法

大学校园文化建设是以群众性为主要特征的，民主管理是大学校园文化管理的原则，也是大学校园文化管理的方法。首先，大学校园文化管理过程中的指挥、调节和控制等，是对人的指挥、调节和控制，师生员工是大学校园文化建设的直接参与者，对大学校园文化建设最有发言权。只有依靠他们参加民主管理，才能使他们的主观意愿与客观实际相结合，做到科学管理。其次，大学生校园文化活动大都是按自愿原则进行的，只有进行民主管理，才能使管理措施化为师生员工的实际行动，收到应有的效果。再次，实行民主管理才能使大学校园文化建设得到师生员工的关心、爱护和支持,并置于师生员工的监督之下,有利于改进工作作风,提高管理水平。因此,必须在思想上重视民主管理,在工作中要时时处处体现民主管理,坚决克服官僚主义。要定期不定期地召开民主大会,采纳师生员工中的好意见和好建议,真正实现在民主的基础上集中,在集中的指导下民主。这样才能加强大学校园文化建设,繁荣社会主义大学校园文化。

3. 指导辅导法

指导辅导法就是在大学校园文化管理中,既要从政治上保证校园文化活动的正确方向,又要充分发挥师生员工的积极性,让他们独立、大胆、生动活泼地开展各项有益活动,并给予必要的帮助、示范、辅导。它是大学校园文化管理中的重要环节,对于正确贯彻党的教育方针,明确活动方向,丰富活动内容,提高活动质量,最大限度地满足师生员工文化生活的需要等,都有着重要的意义。指导辅导的具体内容:一是坚持和贯彻党的教育方针;二是组织专家到校进行辅导,提高活动的质量;三是总结经验和教训,培养和推广典型;四是开展大学校园文化的理论研究,指导和推动大学校园文化的健康发展。

(二) 管理艺术

最优良的大学生校园文化环境,必须是几个文化层次高度和谐统一的环境。要达到大学校园文化和谐统一,要使校园文化健康有益,必须讲求大学校园文化的管理艺术。大学校园文化的管理艺术主要表现在以下几个方面:

1. 坚持导向性,赋予愉悦性

导向性是指在静态和空间角度体现政治导向、价值导向和生活方式导向,在动态和时间的角度体现政治导向、现实导向和未来导向,并且互相关联、互相协调、互相平衡,从而产生理想的整体导向效益,这是我国大学校园文化的社会主义性质及其应用社会效益的必然要求,也是大学校园文化教育性的首要表现和根本要求。坚持导向性,尤其是政治导向,能够确保坚持党的领导,确立马列主义、毛泽东思想、邓小平理论、"三个代表"重要思想、科学发展观、习近平新时代中国特色社会主义思想在大学校园文化中的指导地位,确保大学校园文化影响人、教育人的社会主义方向,引导大学生朝着正确的思想政治方向前进。然而,坚持导向性不能采取行政命令的方式,因为大学生都是有一定认知能力的人,行政命令往往会使他们产生逆反心理,所以,必须赋予愉悦性,符合大学生的心理、生理特点,使他们不知不觉但又自觉自愿地接受教育和影响。环境文化、设施文化,也应寓思想性、针对性、参与性于可感性、服务性、愉悦性之中,把有意识的影响、教育,渗透于无意识的文化形态之中,通过美好健康的环境和氛围,影响受教育者的心灵世界。

2. 坚持学术性,区分层次性

大学校园是人才密集的地方,校园主体的文化层次和专业水平较高,这就要求大学校园文化管理必须坚持有相当水平的学术性,只有这样,才能引起人们的兴趣,调动人们的积极性,才能使校园文化活动有质的飞跃,向着学术、科技领域演进和发展,从而达到培养人才的目的。然而,大学校园内部的受教育者还有不同的文化层次,在坚持学术的同时,还必须注意区分层次性,并区别对待,使不同文化水平的人都能接受,都能得到锻炼。

3. 允许多样性，注意统一性

大学是培养社会主义事业建设者和接班人的重要园地，而社会主义事业需要多方面的人才。这就要求大学校园文化必须不断繁荣、富有生机，使大学校园文化的形式和内容丰富多样。不同的学术观点，不同的教学风格，可以"百花齐放、百家争鸣"，这样，师生员工的个性才有发展的环境，才能培养出多种类型的社会主义建设人才，使他们对社会做出应有贡献。然而，性格上、学术上的个性，风格上和建树上的多样性，都必须统一在坚定的社会主义方向这个前提下。社会主义大学校园文化的管理必须时时有意识地培养以社会主义、集体主义、爱国主义及其价值观念为核心的团体精神。

4. 保持开放性，坚持选择性

文化在本质上就是开放的，大学校园文化的建设和发展，必须保持开放性，包括在校内开放、向社会开放、向世界开放。不实行"三个开放"，不吸收最新信息，不学习中外学校先进文化，大学校园文化就难以实现现代化，难以在意识形态领域前沿和整个社会主义精神文明建设中发挥应有的作用。但是，在强调开放的同时，必须注意有选择地继承和吸收先进文化。首先是要继承吸收文化遗产。中国是举世公认的文明古国，有着优秀的传统民族文化，在吸收外来优秀文化的同时，必须立足本国，继承和发扬我国传统文化的优秀成果，保证大学校园文化的性质。其次是吸收社会文化的精华。大学校园文化应是社会文化的精华，是以一定的社会要求和价值观念为指导的。因此，对社会文化必须有鉴别地加以吸收和改造，坚决防止腐朽思想文化的渗透，坚决抵制资产阶级价值观和生活方式对青少年的侵蚀。

5. 发挥先导性，基于从属性

大学校园传播媒介先进，知识分子集中，而且文化层次较高，他们对各种社会思潮比较敏感，对科学技术和社会进步一般具有趋善求美的理性的自觉性，理想主义色彩较浓，所以大学校园文化往往是时代的晴雨表，有着一定的先导性，能够迅速地汇集并传播各种社会思潮，及时地反映或预示学术前沿动态和科技发展水平，自觉地根据社会发展大趋势培养能够设计与创造未来的"四有"新人，从而对社会主义的政治、经济发展发挥重要的影响和作用。这是高校的优势，也是大学校园文化先进性、超前性的一种表现。不过，大学校园文化的这种先进性、超前性是相对的、有条件的，因为大学校园文化从属于社会文化，渗透着社会文化，只有明确了这一点，我们才能自觉坚持大学校园文化正确的政治方向，才能使大学校园文化的先进性、超前性得到发挥。

6. 克服自发性，强化管理性

与学术性、多样性、开放性、先导性等相联系，大学校园文化有时表现出一定的自发性。自发的东西，有的伴随创造，孕育着先进，有的还连带着破坏，酝酿着倒退。因此，大学校园文化的管理者必须清醒地意识到这种自发性所带来的后果，强化管理，对先进的给以扶持，对破坏性和倒退及时给以匡正，并把它们消灭在萌芽状态。

7. 利用从众性，增强凝聚性

文化是存在于个体之外的，能对个人行为的变异施加无形影响，从而使个体与这种文化保持一致。美国阿希实验表明，个体在群体影响压力之下，有时会放弃个人意见，而在认识与行为上与多数人保持一致，这是大学校园文化的一种从众心理现象。大学校园文化的群众性强，自由度大，师生员工只有对大学校园文化加以认同，从而对它具有强烈的归属感，才会主动调节个人的心态和行为而与它相适应。所以，建设大学校园文化，要有意识地利用从众现象的积极方面，充分发挥课程文化的导向作用和制度文化、组织文化的规范作用，以及先进人物的榜样作用，形成特定的团体精神，从而创造良好的群体心态，增强大学校园文化的内聚力、向心力和持久力，把师生员工凝成一个有机的整体，与此同时，也要坚持实事求是，正确对待不同的个人意见，克服可能出现的盲人现象，避免窒息学校成员难能可贵的独创精神。

8. 保持稳定性，重视发展性

大学校园文化尤其是制度文化、组织文化一经形成，就应该保持相对的稳定。但是，稳定不等于停滞，相反，只有稳定，才能使广大师生员工有一个吸收前人创造的优秀文化成果的机会和条件。同时，只有发展，才能使广大师生员工有一个融合当今最新的先进文化成果的环境，从而推陈出新，创造出富有特色的大学校园文化，为社会主义教育事业发展做出贡献。因此，大学校园文化管理必须保持稳定，重视创新。

第二节　大学校园文化管理的组织机构

大学校园文化管理的组织机构，是指具有一定的组织结构和工作制度，有一定宗旨和工作目标，执行一定职能的从事大学校园文化工作的部门或团体。科学的组织机构，能加强党对大学校园文化建设的领导，保证大学校园文化的社会主义方向，能有效地协调全校的力量，强化大学校园文化的管理，有组织地开展大学校园文化活动。那么，大学校园文化管理的组织机构到底有哪些呢？

一、大学校园文化管理的专门组织机构

大学校园文化管理的专门组织机构是由学校和学校有关部门、群众团体（工会、共青团等）设置，专门从事校园文化工作的机构。主要专门组织机构有：

校园文化工作委员会：这是各高校设立的专门指导校园文化工作的机构，由学校党政领导和有关部门负责人组成。其主要任务是：协调全校党政工团的力量，实施对大学校园文化的齐抓共管；规划、指导全校的校园文化工作，组织全校较大的综合性文化活动；调查了解校园文化的状况，向学校党委、行政提出校园文化方面的政策及加强校园文化建设的措施，并负责实施；有计划地培训校园文化工作干部和师生员工业余文艺骨干；开展大学校园文化的理论研究和学术探讨活动，用理论来指导大学校园文化建设的实践。

文化艺术指导中心：这是学校对师生员工进行文化艺术指导的机构。它通过对文化艺术活动的指导，来创造良好的大学校园文化艺术氛围，达到全面塑造校园精神、培养学生的目的。其主要任务是：邀请校内外专家、学者举办音乐、影视、美术、摄影、书法、文学等文学艺术讲座，聘请专业、业余文艺团体来校演出、辅导；指导师生员工开展文化艺术实践；举办师生员工的文学艺术作品展览；组织和指导全校的群众文化活动；开设文学艺术培训班，培训师生员工业余文艺骨干；负责对文化艺术指导中心工作人员的培训和

管理。

艺术教研室：艺术教研室是对学生进行艺术教育和对艺术教育、学生的艺术实践进行研究的机构，是具体指导学生开展大学校园文化活动的教学科研中心，它通常受学校党委和行政的委托（一般由党委学工部或学生处负责协调），在学校教学主管部门的直接指导下开展工作。其主要任务是：负责文学艺术方面的选修课；指导群众性的艺术欣赏活动，辅导学生开展业余文艺创作、文艺表演活动；辅导学生文艺社团活动；负责学生艺术团的组建、训练、演出等项工作；承办全校大型综合性文艺活动；负责校际校园文化活动的交流。

业余党校：业余党校是学校党委在业余时间对师生员工进行马克思主义基本理论、党的基本路线和基本知识教育的课堂，是加强党对大学校园文化建设的领导，更好地发挥大学校园文化的育人功能，提高师生员工思想道德素质的有效形式。业余党校一般由学校党委领导同志兼任校长，党委组织部和党委宣传部负责具体工作。其主要任务是：组织党员和入党积极分子学习马列主义理论、社会主义理论和党的基本知识；聘请学校领导、优秀教师和省、市有关领导及社会知名人士为学员讲课；组织学员进行参观、访问、社会调查等社会实践活动，从理论与实际的结合上加深对所学理论知识的理解；搞好学员的结业考核、成绩归档、颁发结业证等项工作；指导师生员工自发组织的马列和毛泽东著作学习小组、党章学习小组等开展活动。

学生业余艺术学校：它是在校文化艺术指导中心或类似机构的指导下，以学生俱乐部或活动中心为基地，利用课余时间培训学生艺术人才的学校。它一般在学生主管部门的指导下，由学生自己管理，负责安排各项艺术课程，并联系有关人员授课；开设艺术培训课，培训学生业余文艺骨干，组织学员的艺术实践、艺术观摩、艺术交流活动；举办学员的毕业汇报展览、汇报演出。

校园俱乐部：校园俱乐部分教工俱乐部和学生俱乐部两种，是工会和团委、学生会为教职工和学生设立的业余文化活动场所，是师生员工的"文化乐园"。它的主要任务是：利用生动而形象的宣传手段，向师生员工进行思想道德教育和科学文化知识教育，以提高其素质；为发展和提高师生员工的业余兴趣提供良好的文化环境，以培养其艺术才能；组织师生员工的业余文体活动，以活跃大学校园文化生活，促进师生员工的身心健康。

老干部活动室：它是学校为离退休干部开展学习和文娱体育活动设置的场所。它除了开展一些适合老年人特点的文化体育活动外，还能发挥老干部的政治优势，对青少年学生进行革命理想、人生观、优良传统等方面的教育。

居委会文化室：它是学校居民委员会为辖区居民主要是为退休教职工、家属和少年儿童开展文娱体育活动设置的场所。

大学校园文化管理的专门组织机构除以上列举的以外，还有大学生成才指导中心、大学生就业指导中心、心理咨询中心、课外活动指导中心等，这里不作——介绍。

二、大学校园文化管理的职能组织机构

大学校园文化管理的职能组织机构主要是党委宣传部、学生工作部、学生处、校工会、校团委等。这些机构虽不是以开展校园文化工作为专门任务，但抓校园文化工作是其

重要的职责，它们在大学校园文化建设中负有各自的责任。

党委宣传部：党委宣传部是学校主管意识形态工作的部门，对全校的政治、思想和品德、文化建设负有指导责任，理所当然地应将大学校园文化工作纳入自己的视野之中。在不设校园文化工作委员会的学校，校园文化工作一般由党委宣传部牵头，设立校园文化工作委员会的学校，党委宣传部是这个委员会的重要成员。它的主要职责是：在党委领导下，负责协调全校党、政、工、团的力量，在齐抓共建中起牵头作用；办好校报等宣传刊物，抓好电视台、广播站等新闻宣传机构，管理好展窗、广告栏等文化设施，负责宣传工作，形成正确的舆论导向，创造良好的文化舆论环境，用社会主义思想占领思想宣传阵地；牵头组织全校性庆祝重大节日的文艺活动和艺术节活动；做好对外宣传工作，树立良好的外部形象；参与对师生社会实践活动的组织领导工作；参与对校内和挂靠在本校的全国及地区性社团、社团活动的管理工作。

学生工作部：学生工作部是党委直接做学生工作的部门，它除了负责组织、实施、检查全校学生思想政治教育工作外，还会同党委宣传部、团委等部门开展生动活泼、富有教育意义的各种活动，以及重大节日、革命纪念日的庆祝或纪念活动。

学生处：学生处是校长领导下的学生管理工作的职能部门。本着精简、高效的原则，许多高校实行了学生工作部和学生处两块牌子，一个班子。学生处除了行使管理学生的行政职能外，还要组织或协助各种校园文化活动的开展，并对这些活动给予经费上的支持。

校工会：校工会是党委领导下教职工自愿结合的群众组织，是联结党和教职工群众的纽带。在大学校园文化工作中，校工会负有组织、指导广大教职工开展大学校园文化活动的责任，是教职工文化活动的主管单位和职能机构。校工会在大学校园文化活动中的职能是：为教职工的文化娱乐创造发展的条件，组织教职工开展健康有益、丰富多彩的文化体育活动；指导教职工文艺、体育类社团的活动，加强对教职工文艺、体育社团的管理，负责教职工艺术团的组建、训练、演出、观摩活动及管理等项工作；邀请校内外专家、专业及业余文艺团体、体育代表队为教职工举办艺术讲座、咨询、辅导活动，进行文艺演出、体育表演等；管理教工俱乐部，主办职工政治学校，培训在职职工。

校团委：校团委在大学校园文化管理工作中起组织、指导青年特别是青年学生开展大学校园文化活动的作用，是学生文化活动的主管单位和职能机构。校团委的主要职能是：组织指导学生开展丰富多彩、健康有益的大学校园文化活动；邀请校内外专家和学者、专业和业余文艺团体、体育代表队为学生举办艺术讲座、咨询、辅导活动，进行文艺演出、体育表演等；指导学生会组建学生艺术团，并指导学生艺术团的训练、演出、日常管理等项工作；加强对学生社团的指导、帮助和管理；在校党委的领导下，协助学校有关部门或单独组织学生假期的社会实践活动；直接管理或指导学生会管理学生俱乐部。

除以上几个主要的职能组织机构外，学校的一些其他部门，如党委办公室、校长办公室、教务处、总务处及各院系党政机构等，都在各自的工作范围内，承担着建设大学校园文化的责任，这里不作——叙述。

三、大学校园文化管理的群众组织机构

大学校园文化管理的群众组织机构是指学生会、学生社团等群众性组织。它们是大学

校园文化建设的一支重要力量。

学生会：高校学生会是全校学生的群众性的组织，受校党委和行政的双重领导，在校团委的直接指导下开展工作。每个有学籍的在校学生都自然地成为学生会会员，这使它能够最大限度地号召与动员自己的会员参与大学校园文化活动。它的宗旨是学生"自我管理、自我发展、自我教育、自我服务"，它最大的特色就是体现了学生的自我管理和人人参与的运行机制。

学生会在大学校园文化管理工作中的主要任务是：组织学生开展群众性的文体活动；组织开展"文明寝室"等精神文明创建活动方面的竞赛、评比；开展形式多样的创造良好文化环境、清除"精神垃圾"的活动；向学校党、团组织反映学生在大学校园文化建设方面的意见、建议和要求；指导学生社团联合会、学生俱乐部的工作。学生会根据需要下设学习部、宣传部、文艺部、体育部、社团部、女生部、生活部、纪保部等机构。学习部组织安排许多在学习方面有益的活动，对活跃大学校园文化的学习空气起着重要作用；宣传部同党委宣传部、学生工作部、团委密切联系，了解学生思想热点，并配合这些部门给同学们以思想上的指导，还具体负责学生会各项活动的宣传报道及广播站工作；文艺部负责组建各类文化艺术团体、进行演出和开展各种文化娱乐活动；体育部负责组织课外群众性体育活动，配合学校有关部门开展体育比赛活动；社团部负责学生社团的组织、协调、发展、壮大等管理服务活动；女生部以培养女性的自强、自尊、自爱为己任；生活部听取学生在生活方面的意见，与学校有关部门取得联系，解决广大学生生活中遇到的困难，还负责生活纪律、卫生、公益劳动的自我管理与自我服务；纪保部协助保卫处维护学校正常的学习生活秩序，制止校园中不安定因素和不文明行为，保证大学校园文化的健康发展。

学生社团：学生社团是广大同学为培养各种能力，开拓知识面，调整知识结构，挖掘智能，发展个人兴趣、爱好和特长而自愿组织发起的群众团体。学生社团的活动是大学校园文化的重要组成部分，学生社团从活动内容、方法、组织结构和性质、目的、角度等方面大体分为文化娱乐型社团、学术型社团、经济型社团和劳务型社团四种类型。

文化娱乐型社团以文化娱乐活动为基本内容，目标是满足成员的各种文化需求和精神生活需要，通过丰富多彩的活动，达到活跃业余生活、调剂学习气氛、发展业余爱好的目的。

学术型社团主要是以各学科专业学习为活动内容，通过讨论，举办有关讲座，开展专题性的社会调查，创办刊物，对科技方面的某些理论或技术问题开展学术研究和探讨。近年不少学校出现的"学马列小组""学党章小组"等，为学生的健康成长开辟了一条新路。

经济型社团是以成员所学专业知识为企业、商业、厂矿、生产单位等提供咨询、技术服务和亲身实践为基本活动形式，其目的是培养学生参加经济活动的兴趣，体验实际生活，同时经过他们的劳动也得到一定的报酬。

劳务型社团在校内外组织成员直接参与社会实践劳动，身体力行，进行勤工助学或提供体力方面的社会服务。如受聘做家庭教师，开办大学生电器维修站、洗衣室、理发室、服务队等，为广大学生亲自参加实践、了解社会提供一条较为切实可行的途径。

第三节 大学校园文化管理的工作队伍

大学校园文化管理的工作队伍，是大学校园文化活动的领导者、组织者，这支队伍素质的高低，直接关系大学校园文化建设的成败，因此，必须重视大学校园文化管理的工作队伍。

一、大学校园文化管理工作队伍的组成

大学校园文化管理的工作队伍由专职干部队伍、兼职干部队伍和学生干部队伍组成。专职干部队伍是指专门从事大学校园文化管理工作的人员和大学校园文化各职能部门的工作人员，具体包括如下人员：党委宣传部、学生工作部、党委办公室等及各院系党总支、党支部的专职人员，站在工作第一线的政治辅导员；行政系统的校长办公室、教务处、科研处、研究生处、学生处、总务处、图书馆等及各系行政的工作人员；群众组织系统的工会、共青团的干部；德育教研室、艺术教研室等部门的教师。

兼职干部队伍指在本职工作以外兼职从事大学校园文化管理的工作人员和参与校园文化建设中从教职员工中涌现出的积极分子队伍，包括班主任、导师和具有文体专长、有组织能力的师生各类文化社团、协会的指导教师或顾问等。这样一支热心大学校园文化建设事业，又有一定才能的兼职队伍，是大学校园中对学生影响很大的文化群体，对大学校园文化的建设具有重要指导作用。

学生干部队伍是指学生会等学生组织的骨干、各类社团带头人和文体活动的积极分子等，是在大学校园文化活动中有一定影响、能起重要作用的队伍。

二、大学校园文化管理工作队伍的作用

大学校园文化管理工作队伍的作用有以下几个方面：

（一）保证大学校园文化建设的社会主义方向

大学校园文化建设的成败，主要取决于方向是否正确，即是坚持社会主义方向，还是滑向资本主义方向的问题，焦点是是否坚持党的基本路线，用社会主义思想占领校园思想文化阵地，培养社会主义事业的建设者和接班人。大学校园文化管理干部有敏锐的洞察力、判断力和对复杂问题的综合处理能力，能够驾驭各种复杂的局势，牢牢抓住基本路线这个根本，带领群众向着正确的方向前进。

（二）实现大学校园文化建设的总体目标

大学校园文化管理的工作队伍承担着具体制定大学校园文化建设的分段目标、年度目标和活动目标并付诸实施的重要任务。在这个过程中，他们能够贯彻执行党的教育方针，结合我国政治、经济和文化发展的实际情况及本校的实际情况，制定出切实可行的计划，并按照计划分阶段、有步骤、扎扎实实地去实现大学校园文化建设的总体目标。

（三）正确选拔和培养、使用人才

大学校园文化建设需要各类文化人才的骨干带头作用，而大学校园文化干部队伍是大

学校园文化建设的中坚力量。他们经常深入群众，和群众打成一片，因而能够发现各类文化人才，给他们创造条件施展才华，使其有用武之地，把聪明才智和一技之长尽情地发挥出来，从而在大学校园文化活动中形成较强的凝聚力和号召力，充分发挥其骨干作用，形成大学校园文化建设的骨干队伍。

（四）协调和处理各部门间、层次间的关系

在大学校园文化建设中，各部门间和层次间难免出现一些矛盾和冲突，大学校园文化的管理干部能够站在全局的立场上，为着共同的使命和一致的利益，本着对学校、对工作、对事业负责的精神，进行协调和处理，从而形成互相理解、互相支持、共同建设大学校园文化的合力。

（五）组织研究、探讨大学校园文化理论

理论是行动的先导，只有在实践的基础上认真进行理论探索，弄清大学校园文化的内涵、外延及其发展规律，才能更好地去把握它，以提高大学校园文化建设的科学性和自觉性，减少盲目性和失误。尤其是目前在高等教育体制进行改革的情况下，针对大学校园文化出现的新情况、新问题开展理论研究，更有其突出的意义。为此，大学校园文化管理干部应积极组织并带头参加校园文化理论研究，并注重大学校园文化理论队伍的建设，确定重点研究课题进行探讨，并注意收集、交流理论研究的信息，用理论研究成果指导大学校园文化建设。

三、大学校园文化管理干部的素质

大学校园文化管理干部的上述作用，要求其干部必须具有如下素质：

（一）较高的政治理论水平

这是对大学校园文化管理干部的最基本要求。为此，有关管理干部必须认真学习马列主义、毛泽东思想、邓小平理论、"三个代表"重要思想、科学发展观、习近平新时代中国特色社会主义思想，坚决拥护党的路线、方针和政策，认真贯彻党的教育方针、群众文化方针和政策，执行有关法律和法规，在思想上和行动上与党中央保持一致。

（二）高尚的思想道德修养

大学校园文化管理干部必须热爱本职工作，对工作积极努力，敢于负责，乐于奉献，对同志宽宏大度，谦虚谨慎，热情友好，并以自己的模范行动来影响、教育和团结群众。

（三）一定的文化水准和多方面的艺术素养

大学校园文化建设是一项综合性很强的事业，要求大学校园文化管理干部应具备一定水准的文化科学知识、群众文化业务知识和管理知识，并善于把自己的知识转化成发展大学校园文化事业的力量。因此，大学校园文化管理干部除具备一定的文化水平外，还应具有较多方面的兴趣、爱好和文艺才能，具备一两种较为精湛的技艺和专长，在活动中更好地发挥模范骨干作用，以提高大学校园文化活动的质量。

（四）较强的组织管理能力和联系群众的好作风

大学校园文化建设离不开师生员工的支持和参与，因此，对大学校园文化管理干部来

说，任何时候都离不开发动群众、依靠群众。管理和组织才能既是其重要的基本功，也是其必须具备的基本素质。大学校园文化与广大师生员工密切相关，离开了广大师生员工，一切都谈不上。这就要求大学校园文化管理干部应该有民主作风，根据师生员工的需求开展大学校园文化活动，要求他们密切联系群众，想群众所想，急群众所急。所有这些，都是做好大学校园文化工作的保证，也是每个大学校园文化管理干部所应具备的素质和修养。

四、大学校园文化管理干部队伍的建设

大学校园文化建设要求有一支精干的管理干部队伍。而目前在相当一些学校里，大学校园文化管理干部队伍存在着素质不高、人心不稳、数量不足三个普遍问题，直接影响了大学校园文化的建设和发展。因此，必须采取切实措施，加强大学校园文化管理干部队伍建设，以适应大学校园文化发展的需要，促进大学校园文化的发展。

首先，提高大学校园文化管理干部队伍的素质。高素质的大学校园文化管理队伍，能够创造出高水平的管理和高质量的文化活动，从而使大学校园文化建设得到迅速的发展，培养出高水平的"四有"人才。提高大学校园文化管理干部队伍素质有以下几种途径：一是坚持有计划地选送思想政治素质较好的干部脱产参加学习和深造，如到艺术院校进行培训、进修，或参加有关培训班等，学习内容可根据大学校园文化工作的实际需要和学习者自己的实际情况加以确定。二是坚持不脱产在职培训，如参加函授学习，举办业余理论培训班、研讨会等，在不影响工作的情况下灵活安排，有的放矢地解决实际问题。三是坚持在实践中学习，在大量的繁杂的实际工作中引导大学校园文化管理干部动脑筋、想办法，处理实际问题。工作告一段落后，专门组织经验总结交流会，引导大学校园文化管理干部提高管理水平和各种解决问题的能力，从而达到素质的提高。

其次，要稳定一支坚强的队伍。大学校园文化管理干部存在着工作负担重、业余时间占用多、评定职称难等因素，致使大学校园文化管理干部队伍不稳定，一些人不安心工作，直接影响到大学校园文化的建设。对此，学校领导及有关部门的负责人必须给以重视。对大学校园文化管理干部要在政治上给以信任，工作上给以大力支持，业务上给以重点培养，生活上给以关心（如解决住房和落实工资、职称待遇等实际问题），充分调动他们的积极性，在保持相对稳定的前提下，大学校园文化管理干部也可以合理流动，以不断补充新鲜血液，保持队伍的活力。

再次，要给足编制，保证队伍的基本规模。要按照师生员工的总人数与大学校园文化管理干部的适当编比，为大学校园文化专门组织机构和职能组织机构配备足够的大学校园文化管理干部。没有足够数量的大学校园文化管理干部，要在数千乃至万人以上规模的学校组织、指导丰富多彩、健康有益的大学校园文化活动，加强大学校园文化建设，是根本不可能的。

第四节　大学校园文化管理的规章制度

大学校园文化管理的规章制度是大学根据自己的培养目标制定的能够保证顺利实现自

己的最佳培养方案、最佳计划和决策、最佳管理体制和组织机构、最佳操作程序的各项规章制度的总称。

一、大学校园文化管理规章制度的内容

大学校园文化管理规章制度的内容很广。大体上有以下几项：

（一）学籍管理制度

学籍有两层含义：一是指学校对学生的隶属关系，二是专指学生在学校的学习资格。学籍管理就是对取得学籍的学生，在入学注册，成绩考核与记载，升、留（降）级，转学（转系或转专业）、休学、停学、复学、退学，奖励与处分，毕业和毕业资格审查等方面，按照党的教育方针、教育自身规律及学生身心发展特点，制定出规章制度并实施管理。学籍管理制度的内容主要有以下几个方面：新生入学资格的审核和取得学籍的管理，学期的注册管理，课程考核和学生成绩管理，学生的学籍移动管理，毕业资格的审查和各种证书文凭、学位授予管理。

学籍管理制度具有约束力和强制性，但目的不是限制、惩罚学生，而是更好地指导学生成长。良好的学籍管理制度可以调动学生学习的积极性，创造出一种有利于优秀人才脱颖而出的环境，可以构成人才成长的压力感、动力感和危机感，从而在同样的时间内，同等条件下，为社会培养更多合格的人才。

（二）课外活动管理制度

课外活动管理制度，从广义上讲，是指对除教学活动以外的所有活动的管理制度；从狭义上讲，是指对师生在课外所从事的社团活动、文体活动、社会实践活动、勤工俭学活动、科研活动、社会政治活动等的管理制度。

社团活动制度包括社团的申请和成立、社团的活动和管理、社团的发展和现状等。文体活动制度主要包括业余文化生活管理制度和课外体育活动管理制度，是课外活动制度的一项基本内容。社会实践活动制度包括社会实践活动的类型和特点、意义和作用，勤工俭学与公益劳动，勤工俭学的若干政策等。社会政治活动制度的内容指社会政治活动的目的和要求、类型和方式、引导和管理、社会政治的若干管理规定等，它是课外活动中政策性较强、需要高度重视的一个方面。

课外活动管理制度是学校管理的重要内容之一，加强课外活动管理，对于强化师生思想政治教育，提高教学质量，增强师生法制观念和纪律观念，丰富师生业余生活，促进学生全面健康发展，意义重大。

（三）校园秩序和环境管理制度

校园秩序和环境管理制度不仅为整个育人过程提供保证，而且也以特有的方式直接参与育人。凡是校园秩序和环境管理制度健全并得到很好实施的学校，培养出的学生在精神风貌、道德水准、文化素养、心理体魄等方面都处于较高水平。反之，没有良好的校园秩序和环境，不仅不能形成良好的育人氛围，甚至连起码的学习条件也没有保障，那就培养不出高质量的人才。

校园秩序的范围很广，但主要是学习秩序、生活秩序和治安秩序。学习秩序一般分

为课内学习秩序和课外学习秩序，前者如课堂纪律、考试纪律、教室管理规定、实验室管理规定、教书育人条例等，后者如学生自修或做作业、教师科研等；生活秩序包括饮食、住宿、医疗等；治安秩序是建立良好稳定的育人环境的重要环节，一般学校都建立了许多治安管理制度，如门卫制度、证件管理及使用办法、防火安全管理规定、危险物品管理办法、校园治安管理办法等。校园环境包括校园内的自然环境和社会环境，前者可理解为物质形态的环境，如花草树木、校舍建筑、场地设备、室内布置等；后者可理解为精神形态的环境，如政治、道德、文化、人与人的关系等，它们都是构成育人活动的必要条件。环境管理必须靠完善的制度来作保证，这些制度大体上分三类：引导性制度、奖励性制度和惩罚性制度。引导性制度目的是将某方面活动开展的程序和应遵守的规则提示给师生员工，指引他们照章办事；奖励性制度是为了调动人们的积极性，加入激励机制，增加竞争意识；惩罚性制度是对违反正常制度或对出现偏离培养目标行为者的制裁。

（四）奖励与惩罚制度

奖励和惩罚是学校实行行政管理的重要手段。奖励是对师生员工所做的对社会、集体和他人有益的思想和行为的肯定评价，以起到表彰先进、树立榜样、发扬正气的作用。奖励可分为物质奖励和精神奖励，前者有奖学金、专项奖学金和纪念品等，后者有口头表扬，通报表扬，发给奖状、奖章、证书，或授予荣誉称号等。惩罚是对师生员工所做的对社会、集体和他人有害行为的否定评价，是使受罚者认识和改正错误的方法，如通报批评、警告、严重警告、开除等。

（五）思想教育管理制度

这是大学校园文化管理中必须健全的一种制度，因为大学的培养目标是培养德、智、体全面发展的社会主义建设者和接班人，其中德育是第一位的要素。目前，我国思想教育管理制度在体制上是综合管理体制，主要由专职党团干部责任制、指导教师责任制、学生自我教育和管理制这三种制度构成，其内容主要通过政治理论课、思想政治教育课和日常思想政治教育来体现。思想品德考核办法目前不少大学都在实践和探索中。

二、大学校园文化管理规章制度的作用

大学是个较大的集体，有教师、学生、干部和工人，他们来自四面八方，带来的各种思想、理论、观念、思潮都在汇集和碰撞，一方面荡涤着陈腐的学院气，另一方面又难免使师生产生迷茫和彷徨。因此，大学校园文化管理的规章制度担负着特殊功能。

（一）约束功能

大学生仍处在长身体和长知识的阶段，他们不仅要学习知识，而且要形成正确的思想和良好的行为习惯。各种良好行为习惯的训练和培养，一靠教育，二靠制度。没有合理的规章制度和行为规范做保证，教育就显得苍白无力。规章制度和行为规范对学生思想和行为起着科学的指导作用，它明确指出了什么可以做，什么不能做，对学生的行动有一种约束功能，从而促使良好校风、学风的形成。

（二）激励功能

如前所述，大学校园文化管理的规章制度规定了哪些行为受到奖励，哪些行为受到处罚，这种外部刺激的方式，不仅使模范地遵守规章制度的师生体会到荣誉，受到鼓励，还能在周围的环境中产生出巨大的社会效果，调动其他师生的积极性，激励他们奋发进取，早日成才。

（三）社会化功能

大学校园文化建设的最终目标是培养适合存在于社会并逐渐作用于社会的合格的社会成员。为了实现这个目标，大学校园文化管理的规章制度一般都融入了社会的规范，能使学生在学习文化知识之余，获得社会文化规范的社会角色意识的教育，形成合乎社会认可的观念、行为准则和价值观念，陶冶他们的情操，规范他们的思想、行为，促进其心理健康发展，使其早日完成社会化。

（四）行为整合功能

人的行为，除了受其思想动机支配外，还受他所处环境的影响。学生周围的世界是生动思想的源泉，是取之不尽、用之不竭的思想宝库。来自校园环境的各种信息时刻都刺激着学生，通过模仿、暗示、公众认可等心理机制，来支配他们的行动。大学校园文化管理规章制度的目的在于通过明确的规定来优化青少年的学习生活环境，造就出奋发向上、进取创造、团结友好的良好风气，调整师生的思想行为，使良好的思想行为发扬光大，歪风邪气受到打击。

三、大学校园文化管理规章制度的建设

从以上所述我们可以看出，大学校园文化管理的规章制度，在整个大学校园文化建设中有着独特的地位，因此必须建立和完善大学校园文化管理的各项规章制度。

（一）规章制度建设的基本要求

制定学校规章制度是一件十分严肃的工作，必须符合如下基本要求：

首先，要有明确的目的。规章制度既是行动的准则，又是教育的手段，因此制定规章制度必须符合教育目的。每项规章制度的提出都要明确其意义是什么，实现什么目的，通过什么手段，达到什么标准。只有这样，规章制度在贯彻执行中，才能很好地发挥教育的作用。

其次，要坚持科学合理化。各种规章制度既要符合党的教育方针、政策，又要从学校实际情况出发，符合大学生的年龄特点；既要体现学校集体意志，继承好的传统和校风，又要使师生员工的工作、学习、劳动、休息、文体活动和社会活动等都得到妥善安排；既要严格要求，又要切实可行。

第三，要体现群众性。规章制度要大家去遵守，制定时一定要有群众参加，经过群众充分酝酿和讨论。这样既可以避免主观片面，使规章制度切合实际，又可以使制定制度的过程变成师生员工了解制度的目的、内容和要求的过程，从而提高群众执行规章制度的自觉性。

第四，要体现统一性。大学校园文化管理的各项规章制度之间必须是统一的，必须是互相依存、互相补充、互相作用的，绝不允许互相矛盾、互相抵消、互相排斥。

第五，要明确具体，便于记忆，以利于贯彻执行。

第六，要有相对的稳定性。道德行为的形成需要经过长期的培养磨炼。规章制度要使学生了解、熟悉，并把它变成行为习惯，形成统一的作风，是需要经历一定的过程和时间的。因此，规章制度必须保持一定的稳定性，不能朝令夕改，否则人们会感到无所适从，必然造成学校秩序的混乱。

（二）建立健全规章制度

目前，大学教育体制正在改革时期，如并轨制、双向选择制、收费制等，都是新生事物。与此相应，必须有一系列的规章制度来加以保证。这就要求大学校园文化的管理者必须大胆创新，勇于探索，探索一套成功的管理经验，进而形成制度，达到稳定校园秩序，优化育人环境，提高学生素质，培养社会主义事业合格建设者和接班人的目的。

（三）规章制度的实施

规章制度一经建立，首先要宣传，让每个师生都知道和了解。其次，要认真组织实施，实施过程中应力求做到从严、求细和与人为善。校园制度是学校的法规，是要求人人都要遵守的准则。如果有人违反了制度，就应按规定做出制裁，不徇私情，不惧压力，不受干扰。公正处事是维护制度的严肃性的根本保证，否则，有法不依，就会影响这些法规的严肃性，并导致学校的混乱无序。当然，执行制度光有魄力还不够，还需要有认真细致的作风。特别是在处理违纪事件时，材料要可靠，证据要充分，判断要准确，处理要适度。再次，要加强检查与反馈，这是了解实施效果的重要手段。一方面，它可以增强制度的严肃性和执法部门的权威性，另一方面它可以增强师生遵纪守法的意识。

第五节　大学校园文化活动的类别

大学校园文化活动是广大师生员工思想、工作、学习、生活等方面的表现方式，是广大师生人格行为的外在显现。就主要的方面看，大学校园文化活动包括思想理论教育活动、社会实践活动、党团组织活动、精神文明创建活动、社团活动、科技学术活动、文体娱乐活动、军训活动等。

一、思想理论教育活动

思想理论教育活动主要是以思想政治、意识观念等方式展开的活动形式，相对侧重于思想建设，如政治理论教育、形势政策教育、价值取向的培育、思想观念的更新等深层内容。这是深化大学校园文化活动，把表层的活动推向深层的重要途径。

思想理论教育活动一般是指利用广大师生的政治学习时间和课余时间，采取会议报告、座谈讨论、演讲、征文等方式，利用传播媒介、评先创优等形式举行的具有一定主题思想的教育活动。这种活动方式的优越性首先在于其形式灵活，它可以是临时性的，也可以是常规性的；可以是非正式组织的，也可以是正式组织的；可以是大规模的，也可以是小规模的。另外，它的优越性还在于其多变的主题。虽然各个重大节庆都可以找到相应的教育主题，但是很多主题则是由不断发展变化的社会所推出来的时代主题。所以，要搞好思想理论教育，首先要能抓住形势变化的脉搏，善于制定科学、准确的主题。国内外、校内外的重大事件都是思想理论教育的好主题，其特点在于"专"，即其他时间不具有主题意义，只有在一定时间、一定条件下，才能成为教育主题。其次，要将具体的教育主题通过大学校园文化活动的组织机构和适当的渠道发布出去，构成实际的教育活动。再次，要充分发挥群众组织的作用，大学校园文化活动领导部门要在及时公布特定教育主题的同时，迅速交由相关的组织去实施。

常见的思想理论教育活动类型有：

（一）马克思主义理论教育

我国还处于社会主义初级阶段，随着我国政治经济的快速发展，人们的观念也在发生相应的变化。我国近年的高等教育实践已经证明，坚持社会主义办学方向，重视对学生进行马克思主义、毛泽东思想、邓小平理论、"三个代表"重要思想、科学发展观、习近平新时代中国特色社会主义思想教育，对于完成培养更多社会主义事业建设者和接班人的战略任务，有着重要的现实意义和深远的历史意义。

（二）形势政策教育

随着社会变革的不断深入，我国的形势政策也在不断变化，高校知识结构不但要适应形势的变化不断更新，而且广大师生的各种观念也要跟上形势。所以，要紧紧围绕时代变革的主题，对广大师生进行形势政策教育，使他们的思想能够跟上形势的发展。

（三）民主法制教育

中国改革开放的现实和前景已经向世人昭示，坚持社会主义民主和依法治国将是社会主义中国的重要标志。当代高等教育是为了培养跨世纪的社会主义事业建设者和接班人，当代大学生必须兼备全面精深的民主意识和法律知识，并加强自身修养，努力成为社会主义民主的忠实实践者和社会主义法制的自觉遵守者。所有这些，都需要大学校园文化活动的组织者科学、合理地安排相关的教育内容。

此外，大学校园文化的思想理论教育活动还有理想成才教育、艰苦创业教育、国情教育、革命传统教育、见义勇为教育、为人民服务教育、军事国防教育、人文素质教育、环境意识教育。

二、社会实践活动

社会实践活动是高等教育工作的重要内容，是大学校园文化的重要活动方式。组织大学生参加社会实践活动，是全面贯彻党的教育方针，促进学生德、智、体、美、劳全面发展的一项重要措施。在大学校园文化建设过程中，开展社会实践活动，可以使大学生求知于工农，奉献于社会，在实践中锻炼成才。

根据近年大学校园文化发展的实际情况，社会实践活动主要指两方面的活动：其一是指大学生利用假期和实习课时间走出校门，到社会各个地区、各个部门，以了解社会、服务社会、提高自身素质等社会效益为主要目的的活动；其二是指学生在课余时间开展的既了解社会、服务社会、增长才干，提高自己的智力和体力，又获取一定报酬的、带有一定经济效益的勤工助学活动。

（一）注重社会效益的社会实践活动

规模较大的、注重社会效益的大学生社会实践活动是从1982年开始的。1982年2月，北京一些大学生受原国家农委的委托，就农村改革问题在27个省、自治区、直辖市的140个县进行了大规模的"百村调查"，共完成一百余篇调查报告。《人民日报》就此发表评论员文章——《赞"百村调查"》，大学生社会实践活动从此拉开序幕。

1983年10月，团中央、全国学联向全国大学生发出了《纪念"一二·九"运动48周年，开展"社会实践周"活动的通知》，得到大学生的热烈响应，较大规模的社会实践活动成为大学校园文化的一个重要内容在全国高校中发展起来。1984年春，团中央召开社会实践活动观摩会，把社会实践作为帮助学生了解社会、参加实践锻炼的一条重要途径，要求教育部门加以倡导，得到了各级党政部门的重视和支持。1985年，《中共中央关于教育体制改革的决定》也强调了大学生参加社会实践的重要性。1987年5月，中央《关于改进和加强高等学校思想政治工作的决定》，从进一步明确办学指导思想，培养"四有"人才的高度提出要鼓励学生利用假期进行各种有益的社会实践活动，有条件的高等学校应逐步建立业务实习和社会实践基地。同时，中宣部、国家教委、团中央联合发出《关于组织好今年暑假大学生参加社会实践的通知》，要求社会实践更有计划，更有组织，争取更多的青年学生参加。这年6月，国家教委、团中央又发出了《关于广泛组织高等学校学生参加社会实践的意见》，提出要把在假期和课外组织学生参加社会实践活动作为高等教育的一个重要组成部分，要把高等学校学生在假期和课外参加社会实践活动作为对学生全面考核的内容之一。1990年5月，中宣部、国家教委、团中央再次联合发出《关于1990年暑期高等学校学生社会实践的几点意见》，建议省、地、市、县各级成立社会实践活动领导小组，把假期学生参加社会实践活动当作一项重要任务来抓。在中央、地方和教育部门的积极倡导下，在社会各方面的支持下，社会实践活动作为大学校园文化的重要组成部分，得到健康、全面的发展。

纯粹社会效益意义上的社会实践活动，大体可以分为参观考察、社会调查、智力服务、基地活动和教学、科研、生产一体化等活动。各个学校必须坚持以教育为主和面向基层、深入实际、讲求实效、就近就便的原则，统一安排和组织更多学生参加社会实践活动。在具体实施过程中，要注意做好几个方面的组织准备工作：首先，要明确开展社会实践活动的目的。开展社会实践活动的根本目的就是引导和帮助学生了解我国改革开放以来发生的巨大变化，加深对党的基本路线的认识，坚定社会主义信念，摆正自己与人民群众的关系；了解社会主义市场经济的发展给我国经济带来的勃勃生机，认清在我国实现社会主义现代化的艰巨性，增强历史责任感。在此基础上，还要明确每次社会实践活动的具体目的、任务和要求。

其次，要做好计划安排，把课堂学习、调查实践和承担任务结合起来。要具体研究和确定社会实践活动方案，选好活动地点，制订具体的实施计划；要组织和协调各部门的力量，充分发挥教师的主导作用，共同做好思想和组织工作。规模较大的社会实践活动，应由学校领导或有关部门负责人亲自带队，并选派得力干部和教师加强指导。

再次，要加强对学生进行思想动员和集训。在开展社会实践活动之前，学校应对学生普遍进行思想动员，使学生认清参加社会实践活动的重要性、必要性和所要达到的目的；要引导学生注重在实践中学习，提高思想觉悟和实际工作能力；要教育学生发扬艰苦奋斗精神，勇于吃苦，在实践中自觉锻炼自己。对参加重大、复杂的社会实践活动的学生，学校要对他们进行必要的集训。

最后，要建立考核制度。社会实践活动重点在于引导和发挥每个学生的积极性和主动性，教师只是做原则上的指导，既不能包办代替，又不能撒手不管。完成相关的调查后，每个学生都要写出自己的报告，这样不仅能使每个学生对自己的活动进行一次系统的总结，而且也有利于发挥他们的潜在能力。

（二）勤工助学活动

勤工助学活动是学生利用课余时间进行科学技术和文化服务或劳务服务，把服务所得作为补充学习、生活费用不足的活动。它不仅是全面贯彻党的教育方针，加强学生劳动观念教育和劳动技能培训，提高教育质量，培养全面发展的社会主义一代新人的重要途径，也是大学校园文化活动的一项重要内容。

勤工助学活动形式是多种多样的，但综合归纳起来，大致有三大种，即智力型、体力型和经营型。智力型是以创造性劳动或智力输出为基本特征，以学生智力服务为基本方式的活动。智力型活动又可分为两种具体形式：一种是智力开发，即综合运用所学知识进行创造性工作，为社会直接创造物质财富和精神财富，如科学研究、技术开发、技术推广、技术改造、科技发明和制作、生产和社会管理、社会经济发展战略研究等；另一种是智力服务，即将所学知识直接服务于社会，但不一定直接产生经济效益，如开发科学技术和文化咨询、举办科学技术和文化培训班、出任家庭教师、从事修理服务等。体力型活动是以体力劳动为主的劳务活动，这类活动有利于培养学生劳动观念和奋发向上、吃苦耐劳的品质，其主要形式是各种有偿劳动，如环境卫生承包、校内外工程建设劳动、资料抄写整理、宿舍值班保卫、到企业和服务行业任临时雇员等。经营型活动是以简单经营为手段，以劳务性质为主的商业性劳务活动。这类活动与经商活动是有区别的，其主要是商业、旅游类院校的学生或经济类专业的学生，根据有关规定，有组织地举办实习性的商业经营实体，学生在这些实体中结合所学专业参加经营管理，如实习商店、实习餐厅、实习饭店等场所。社会主义市场经济的发展，教育体制的改革，将促进勤工助学这一大学校园文化活动的繁荣和发展，其也必然会在具体实践中出现更多的形式。

在组织勤工助学活动时，要坚持因地制宜、就近便利的原则，讲求实效，提倡艰苦奋斗、勤俭节约，切忌形式主义和假、大、空。在组织实施过程中应注意以下几个问题：

首先，要明确勤工助学活动的目的和要求。开展勤工助学活动的主要目的在于引导学生接触社会，了解国情民情，增强社会责任感；使理论学习与实际工作相结合，巩固和加深对所学知识的理解和消化；培养对劳动人民的感情，树立劳动观念，为社会做出贡献。要教育学生更多地从锻炼自己、提高自身素质方面思考问题，自觉地在遵纪守法的前提下开展勤工助学活动。

其次，要处理好勤工助学活动与业务学习的关系。学生在校的主要任务是学习，勤工助学活动应尽量与专业学习相结合，以利于取得较好的经济效益。同时，勤工助学活动应安排在课外和假期，以不影响正常的教学秩序，不占用过多的时间和精力为基本前提。

再次，要区别勤工助学活动和个人经商活动。经商是以买卖为主要形式，以盈利为主要目的的商业性活动。学生在校的主要任务是学习，如果从事经商活动，耗费大量的时间和精力去考虑买卖、盈亏等问题，这是学生个人难以应付的，也必然会导致对学生学业和身心的受害。高等学校要对学生的勤工助学活动做出具体规定，积极引导勤工助学活动健康发展。

三、党团组织活动

在大学校园文化建设中，党团组织起着十分重要的作用。向青年学生提供了解国情、民情途径，提供社会实践的舞台，提供双向交流的机会，对学生进行共产主义、社会主义、爱国主义、集体主义教育，努力使他们成为社会主义事业的优秀建设者和接班人，这是高等学校党团组织光荣的职责和神圣的任务。各级党团组织要充分发挥其广泛的群众基础、可靠的组织保证、灵活的活动方式等优势，使青年学生自觉地认识自己，改造自己，健康成长。高校党团组织要适应时代发展的要求，着重培养青年学生的学习精神和创新精神，鼓励他们在不断的学习、创新中实现人生价值。要根据青年学生的需要和爱好，积极开展形式多样、生动活泼的集体活动，把思想性、知识性、趣味性熔为一炉，使学生受教育于课堂内外，长知识于活动之中，促使学生全面发展。党团组织活动一般有以下几种形式：

（一）利用党校、团校对广大师生进行培训教育

为了使广大师生和要求入党的积极分子确立共产主义的人生观、价值观，彻底解决他们的理想信念问题，高校各级党团组织要积极开办业余党校、团校，对广大师生进行党的基本知识和热爱党、热爱社会主义、坚定共产主义信念教育。学生业余党校、团校，要通过学生自愿报名，年级、院系、学校层层筛选的办法严格录取学员，要通过党性教育和党的基本理论知识教育，提高青年学生的思想政治素质。党团组织要注意在业余党校、团校的优秀学员中选拔和培养入党、入团积极分子，由学校党团组织专门培养，逐步吸收到党团组织中来，增加党团组织的新鲜血液，提高党团组织的战斗力。

（二）利用党团组织专门活动时间，加强对党团员进行思想政治教育活动

高等学校党团组织的一个重要职责就是要让每个党团员了解党的历史，了解党的领导地位和核心作用，了解中国人民如何在中国共产党的领导下走上社会主义道路。学校各级党团组织要充分利用党日、团日活动时间，采取小组自学讨论、集体分章宣讲的办法，在党团员中深入进行党史教育。要通过党史的学习讨论和党史教育活动，深入探讨党的历史经验和有益启示，使广大党员、团员更加坚信党的领导，坚信社会主义制度。另外，要通过举办报告会等形式，使青年学生特别是党团员提高对国内国际形势的认识，为搞好科研、教学和其他校园文化活动奠定思想基础。

（三）利用业余时间开展丰富多彩的党团活动

大学校园文化具体体现在丰富多彩、灵活多样的各种活动之中。高校党团组织要经常组织一些健康向上、情趣高雅、生动活泼、富有教益的活动，实现"寓教于乐"。在"五四"、"七一"、"十一"、元旦等重大节日，要统一组织大型活动，既陶冶师生、党团员的情操，也促进其素质全面提高。

四、精神文明创建活动

高等学校既是教学中心，又是育人中心，其根本任务在于培养德、智、体全面发展的社会主义建设的合格人才。一个学校风气的好坏，直接关系到人才培养的质量，因此，着力培养一代跨世纪人才的高等学校，必须首先建设优良的校风，必须加强高等学校的社会主义精神文明建设。

高等学校精神文明创建活动必须坚持把德育放在首位，把深入细致的思想政治教育寓于科学管理之中的原则。

（一）加强社会主义道德建设，树立和发扬社会主义道德风尚

社会主义道德建设是社会主义精神文明建设的一项重要内容，是高等学校精神文明建设的重要组成部分。高等学校精神文明建设的根本任务是以培养"四有"新人为指针，提高青年学生的道德素质和科学文化素质。高等学校必须坚持将道德教育放在首位，教育和鼓励青年学生按照社会主义、集体主义原则，正确对待和处理社会主义条件下个人利益与公共利益之间的关系，发扬国家利益、集体利益、个人利益相结合的社会主义、集体主义精神，发扬顾全大局、诚实守信、互助友爱和扶贫济困的精神，反对一切损人利己、损公肥私、见利忘义、金钱至上、以权谋私、欺诈勒索的思想行为。通过对青年学生的社会主义道德教育，他们能够继承和发扬中华民族优良传统和美德，尊重人、关心人、理解人，养成勤劳俭朴、热心公益、讲求文明、诚实礼貌的品格。

（二）加强思想政治教育和行为教育，提高青年学生的思想政治素质和整体文明水平

高等学校要根据青年学生的思想特点和心理特点，利用马列主义理论教育、形势政策教育、爱国主义教育、革命传统教育、人生观教育、劳动教育、社会实践教育等形式，不断提高学生的政治素质和思想水平，引导青年学生开展学"马列"、学《党章》、学《邓选》的读书活动，启发学生从马列主义理论宝库中寻找精神支柱。要充分利用校报、广播、电视、板报、橱窗等宣传阵地，积极开展精神文明建设宣传教育工作。在具体工作中，不仅要宣传遵纪守法、品学兼优的优秀学生事迹和先进模范人物，而且要将各种违纪案例进行曝光，这样正反对比，可以在师生中引起震动，从而抑制不良风气的滋生和蔓延。高等学校在从严治校的同时，要积极引导青年学生从我做起，从小事做起，自觉消除丑恶现象的不良影响，养成集体主义的行为习惯，提高审美意识和生活情趣，崇尚真、善、美，努力提高自身涵养和精神文明的整体水平。

（三）弘扬雷锋精神，倡导时代新风

雷锋同志是时代青年的楷模，雷锋精神是中华民族传统美德与共产主义光辉思想结合

的典范。高等学校在开展学习雷锋活动中，要注意抓住雷锋精神的实质，对青年学生进行共产主义思想教育，尤其要使广大团员青年深刻认识学雷锋的重大意义。要结合实际情况，制定出学雷锋活动的规划和目标，并切实加以落实。要通过成立"学雷锋小组""送温暖小组""青年志愿者协会""爱心社"等组织积极开展义务劳动、义务咨询、义务修理、义务帮教等为民服务活动，使高等学校成为社会主义精神文明建设的策源地。

五、社团活动

大学生社团是根据学生自己的爱好和成才需要，自发组织起来的民间组织。它以培养学生兴趣、增长知识、提高技能、陶冶性情为目的，可以打破年级、系科和学校的界限，团结兴趣爱好一致的学生，发挥特长，开发智力，促进学生健康成长。

大学生社团活动的组织形式从大的方面可分两类，即各种协会和各种沙龙。在各种协会中，又有学术研究型社团、文体娱乐型社团和社会服务型社团之分，而沙龙一般又分为目的专一型和分散随机型。

大学生社团活动有其自身特点，一般来讲，学生社团的成员是自由结合的，坚持自觉自愿的原则，开展活动也多为自我活动。在大学校园，学生社团的形式是多种多样的，活动的内容也是丰富多彩的。

大学生社团活动在校园文化建设中有着积极的作用。首先，大学生社团活动为大学生成才提供了良好的环境和条件。其次，社团活动丰富的内容、灵活多样的形式，能够锻炼大学生的各种能力，有利于他们的全面、健康成长。第三，社团活动深化了学生对社会的认识，增强了他们的责任感、使命感和成才意识。第四，社团活动有助于强化大学生的群体意识，矫正他们自身的缺点，促进他们遵守共同的行为规范。第五，大学生社团活动可以使学生发现理论与实际的区别，培养科学研究意识和寻求真理的乐趣，对加强理论与实践的联系和深化教育改革具有重要意义。

六、科技学术活动

大学生科技学术活动是高等学校科研活动的重要组成部分。实践证明，随着高校发展的日益社会化，大学生已经成为一支十分重要的科研力量，他们承担并完成的科研工作，在整个高校科研工作中所占的比重越来越大。他们踊跃参加科技学术活动，极大丰富了高校科研内容和形式，有力地促进了高校科研的发展。同时，大学生参加科研活动是时代对高校提出的要求，也是社会主义市场经济体制赋予大学生新的使命。

大学生科技学术活动有着多方面的内容和形式。其中，有结合课程和专业学习，以课程设计、学年论文、毕业论文和毕业设计形式进行的专题研究活动，有参与教师课题组的科研工作或直接承担科研项目的活动，有以解决技术问题为龙头的渗透到全社会的社会实践方面的科技学术活动，等等。

大学生科技学术活动的开展，有利于扩大学生的知识面，建立和完善合理的知识结构，培养科学的思维方式，有利于培养大学生的开拓创新能力，有利于增强大学生的各种适应能力，有利于大学生的健康成长和全面发展。所以，要认真组织和管理大学生科技学术活动。

（一）合理安排活动时间

高等教育实践显示，虽然不同年级的学生参加科技学术活动的多寡有所不同，但就每个学生的绝对时间来看，他们从事科技学术活动的时间都是有限的。所以，必须根据学生的实际情况，科学安排他们的时间，让他们参与一定的科技学术活动。低年级学生可以参与一些兴趣小组、学会等活动，从中得到锻炼，高年级学生可直接参加教师课题组及其他学术性、技术性较强的科技学术活动。

（二）加强基础训练

基础训练是从事科学研究的必要准备，大学生参加科技学术活动不能急于求成，必须注意综合性基础训练，要强调对有关科研原理和方法的课程的学习，通过科研实践掌握原理和方法的运用，强调大学生通过实验、作业、课程设计、专业实习和毕业设计，掌握文献检索与利用、实验与观察、操作与检验、论文写作等基本科研技能。

（三）多方筹集资金，保护学生科技学术活动的积极性

科研经费是大学生参加科技学术活动的物质保证。为了鼓励学生积极参加科技学术活动，学校应设法多方筹措资金。一方面，学校应逐年拨出一定的经费支持学生科技学术活动中的重点项目；另一方面，各院系、各部门应有计划地向学生科技学术活动提供各种条件。另外，学校还要支持学生走向社会，从事调研、咨询、科技开发活动，对学生科技学术活动的正当收入，学校应制定奖励、优惠政策，以激发学生科研积极性。

（四）重视计划指导

大学生科技学术水平及科研活动形式、时间等因素的制约，大学生参加的科技学术活动十分有限，缺乏完善的管理办法。随着大学生科技学术活动的增加，各高校需要成立相应的学生科技学术活动领导小组，具体负责学生科技学术活动的组织、协调工作。同时，要重视对大学生科技学术成果的评价，将这种评价与大学生的成长和就业联系起来，建立大学生科技学术激励机制。

七、文体娱乐活动

文体娱乐活动是大学校园文化活动的主要形式，对广大师生起着潜移默化的愉悦身心和美化心灵的作用，因此，必须正确引导、科学地组织与开展。

（一）加强管理，引导文体娱乐活动健康发展

对大学校园的各种文体娱乐活动，学校要在加强正确导向的前提下，从组织、思想上给予指导帮助，努力培养广大师生高尚的审美情趣。要加大投入，改善各种文体活动设施，切实帮助师生员工拥有必要的活动条件。相对于社会，学校是一个小环境，并且是一个思想活跃的特殊场所，既有先进、健康的因素，又夹杂着消极、颓废的东西，特别是一些自发的活动，往往带有一定的随意性和盲目性。这就需要学校领导及有关部门拿出切实可行的规章制度和管理措施，妥善引导，并严格履行审批手续，使文体娱乐活动的开展，不致影响学校正常的教学秩序和生活、学习秩序。当然，这种管理和引导绝不是消极的检查和随意的限制，而是要适应师生员工的需要，有序管理，正确引导，使各种活动充满生

机，健康发展。

（二）抓好骨干，带动群众性的文化娱乐活动蓬勃开展

有声有色地开展文体娱乐活动，关键取决于组织者素质的高低。综观大型文艺会演、体育竞赛等，起核心作用的常常是个别骨干，所以，要注意通过活动考察，选拔、培养一批事业心强、确有专长、作风正派的文体骨干，作为文体娱乐活动的"顶梁柱"。但是，培养和选拔文体骨干不是最终目的，大学校园文化活动毕竟还是一项群众性的文体活动，要逐步使选拔、培养的文体骨干组成一定的社团，吸引和带动师生员工广泛参与，使他们在活动中享受快乐，提高自身素质。

（三）因地制宜地开展文体娱乐活动

由于学校艺术教师、艺术骨干水平的不一致，每所学校现有条件、设备也有很大差别。所以，开展文体娱乐活动要结合本校具体情况，扬长避短，逐步形成独具特色的校园文体娱乐艺术风格。学校开展的文体娱乐活动往往有很强的季节性和时令性，平时又多以个体小型分散式的自娱自乐活动为主，这就要求组织者妥善安排文体娱乐活动时间，利用平时部分闲暇、假期时间进行集中活动和创作，以免影响学习。为使大学校园文化活动趋于制度化、系统化，每学期（年）将要开展的文体娱乐活动最好事先拟定，做到人员落实、时间落实、内容落实。学校每学期最好能够举办一次大型文艺欣赏讲座，组织一次歌咏比赛，开展一次体育活动月（周）活动，每年还应举行一次文化艺术节活动。每逢重大节日也应结合各个学校的特点，因地制宜，适当组织文体娱乐活动，给广大师生提供一个锻炼、显露才华的良机。

（四）加强内外交流，促进文体娱乐活动的繁荣与发展

大学校园文化活动往往不是局限于校内，而总是经常地走出去，请进来，从而沟通文体娱乐活动与社会的横向联系，增添校园文化的生机，促进校园文化活动的繁荣与发展。高校要有意识地通过文体娱乐活动的渠道和窗口了解社会，在条件许可的情况下，可以邀请高水平的文艺团体或专家到校演出和指导；可以有比较、有鉴别、有目的地开办各种文艺流派作品欣赏专题会，不失时机地参加主管部门、地区组织的文艺调演；还可以有代表地去实习单位、军训部队等处慰问演出，等等，借以开拓视野，取长补短，不断丰富和更新文体娱乐活动的内容和形式，使本校的文体娱乐活动开展得更有特色。

八、军训活动

军训活动是对学生开展国防教育和高校政治思想工作的良好形式，是提高大学生素质、加强国防后备力量的一项重要措施。学生军训正在逐步走向规范化、系统化，不仅为今后有效开展和推广这项活动积累了经验，也为大学校园文化增添了色彩。

为了加强对军训工作的组织领导，各高校都实行统一领导、统一计划、统一组织的"三统一"方针，并建立由学校领导任组长的军训领导小组，每年定期研究部署军训计划和措施，全面统筹安排，充分发挥各部门的整体配合作用。

军事理论课和文化专业课一样，由教务处统一安排，纳入教学计划。有关师资可以向军民共建的所在部队或军事院校邀请，师资条件具备的学校可以自行成立军事教研室，由

本校教师任教。学校有关部门如宣传部、电教中心负责军训宣传及声像管理、播放等工作，各院系、人武部、保卫处、校（院）办、学生处、团委、思想政治教研室和总务处、校医院分别负责做好军训人员安排、干部配备、思想教育、行政管理和后勤工作。在组织领导方面，各院系学生连长一般由部队同志担任，政治辅导员由院系分管学生工作的副书记、副主任（副院长）担任，副政治辅导员由年级主任（辅导员）担任，他们共同负责行政管理、日常教育等工作，并互相尊重、互相支持。

学生军训一般分为集中强化、穿插或分散军事理论教学和国防教育三个环节。前两个环节大多放在新生入学和第一、二学期进行，国防教育放在平时进行。目前，在军队与院校双方共建活动中，许多院校基本上坚持在校内组织实施军训，这样做有利于发挥军队与院校双方优势，尤其是可以充分发挥学校这一"主阵地"的作用。立足校内军训，除了直接参与军训的学生在素质上得到提高外，学校其他师生员工也受到间接但却是直观的国防意识教育，从新生军训中得到教育和启示，还可节约军训经费，同时也给大学校园文化建设注入了新的生机和活力。

第六章　大学班级及班主任管理

第一节　大学班级管理

　　班级，是一种教学组织形式，高校班级也是班级授课制的产物。在高校，班级实际上也是实施高等教育的一个基本行政单位。由于它有组织、有领导、有制度、有计划，因此，也可以把它看成是一种社会组织。我们的目的就是要从社会学的角度，运用行政管理学的观点来分析高校班级的构成、班级的类型、班长的类型及班级成员间的相互联系，为班级管理提供一点理论依据，从而促进高校学生管理工作。

一、高校学生班级的构成要素

　　在社会学中，社会组织被看成是一种复杂的社会群体。它是人们为了合理、有效地达到自己的目标，有计划、有组织地建立起来的一种社会机构。所以社会学意义上的高校班级在构成上也具有如下几方面构成要素：要有共同的奋斗目标；要有一套全体成员共同遵守的并以之来维系班级的规章制度；要有一个领导班子，这个领导班子通过一定的形式把班子的全部工作从学习、生活到工作都抓起来。

　　另外，在班级的存在和发展过程中还必然有如下几方面的内容作为班级的构成要素：班风；全体成员所认同的权威和活动方式，在全体成员中占上导地位及非主导地位的思想意识；全体成员的课外活动及内容；全体成员对国家及学校大事的关心程度，对学校组织的活动的参与情况及结果等。

　　班级在学校中是以一个集体的身份来执行学校的规章制度，来完成它的行政职能的。所以根据行政管理学的理论，它又具有以下三层含义：班级是一种活动，除了内部成员的学习生活外，还通过各种活动（包括自发组织的和学校组织的）来达到自己的目标；它是一种形式，除了本身以一个班级的形式存在外，还通过各种活动形式和组织的形式来发展；班级也是一种关系，关系发生于不同的活动和形式之间。

　　从社会学角度将高校班级作为一种社会组织进行其构成上的解剖，其意义就在于可以使我们在抓学生班级管理的过程中，能有针对性地对班级构成要素进行系统管理，避免学生管理工作中的盲目性和盲动性。

二、高校学生班级的类型

　　社会组织是分类型的。按照马克思主义的观点，社会组织是人们社会结合的一种形式，是人与人之间的一定社会关系的表现。因此，在社会组织的分类上就应以人及其行为结果为依据。若从班级目标的表现程度及实现结果处着眼，可将班级分为以下几种类型：

（一）理想型

这是最高类型的班级。其特点表现为有明确的奋斗目标，有健全的组织系统，有严格的规章制度和纪律，有强有力的领导核心，有正确的舆论和优良的传统、作风。因此，全体成员能正确处理国家、集体、个人三者之间的利益，积极开展和参加健康的活动。班集体一旦形成，便有强大的教育力量和自我约束力量，集体荣誉成为每个成员的最高道德标准。维护集体利益，发奋学习，成为每个成员的第一需要。集体的民主气氛浓厚，各项工作和活动能够协调一致。

（二）一般型

突出表现是缺乏共同的奋斗目标，领导力量薄弱，整个班级缺乏凝聚力。由于班级成员的素质较为接近且层次略低，集体观念比较淡薄，因此班级成员比较墨守成规，囿于个人的圈子内，较少出现违犯校规校纪的现象。班级学生很少参加各项活动，大多埋头学习，学生的学习成绩大都较好，知识面广，但其他方面的能力发展较差。

（三）涣散型或分离型

这是一种较为复杂的班级，这种班级的出现，大多数是因为班级同时存在几个权威，且班委会严重分裂，不能团结一致。所以学生听命于不同的核心，各项活动不能统一，重则四分五裂，形成和班委会对立的小集团，即一般理论所说的非正式组织，从而严重地干扰和破坏班级的正常生活、学习和工作，使班级涣散或分离。这类班级违犯校规校纪的现象较多。

从上述班级类型的分析我们可以看到，影响班级类型形成的因素有以下几个方面：高校班级成员各自不同的性格、兴趣、爱好、思维方式，决定成员彼此之间会发生各种矛盾。这些矛盾、矛盾的影响程度和范围，以及对矛盾的处理都影响班级的发展，形成不同的班级类型。班委会群体力量的模式可以塑造班级的类型，班级中权威言行或思想意识可能支配班级的类型，班级的参照体可能"束缚"班级的类型，辅导员、班主任或其他有关教师的影响和参与可能引导班级的类型。对于班级类型的形成有影响作用的这几个方面，又是相互交织共同起作用的，在现实生活中很难区分它们之间的界限。但我们坚信，刻意地追求和规范化地塑造是起主导作用的。以上的几个方面都能给管理者提供一种协调或者渗透的可能，使之可按预期的模式发展。

三、高校学生班级中存在的几种类型的人际关系

社会组织的理论认为，社会生活是相当复杂的，人们在社会生活中交互作用而形成的关系也是多种多样的。但班级成员间的人际关系，由于其附属于学校班级这个正式组织，故在表现形式上就显得相对独立。大体说来，一个班级一般存在以下几种类型的人际关系：

（一）同学关系

这是普遍的关系，存在于所有成员之间。这种关系，包含着其他所有的关系，这种关系空间感不强。

（二）同乡关系

离开家乡的学生，当他乡相遇时会形成同乡关系。这种关系，地方保护色彩较浓。如果一个人被视为败类，那么他的同乡便会受到其他人的攻击。当然，如果老乡过多，也会出现相反的情况，老乡观念趋于淡薄。

（三）同舍关系

住在同一宿舍的学生是生活上的亲密者。关系相处得好的同一宿舍的学生常常有同步的效应和默契，空间感缩小，内心交流扩大，成为知己的较多。宿舍将成为毕业后回忆和留恋最多的地方，同时也是向其他人进行表白的谈资。

（四）同趣关系

志趣相投的学生容易成为知音。这些人在生活中某些方面步调一致，同心协力。在他们的周围形成一个流动性的圈子，有时能起到左右某一区域的作用，但这种关系较为松散，成员不固定，随着兴趣的发生与转移，关系容易形成亦容易解除。

（五）同源关系

这里"源"指相同的家庭状况、经历和遭遇，由于同源关系双方的性格上有些相似，属于精神上的挚友，合作态度较好。

（六）恋人关系

由于男女学生之间互相产生爱慕而结成的恋爱关系。一般恋爱双方能够顾全大局，注意影响，很好地处理工作、学习和生活之间的关系，但也有恋爱双方陷在个人圈子内，不参加或很少参加集体活动，处理不好学习、工作和生活的关系，在学生中造成很坏的影响的情况。很多人不赞成在入学时期谈恋爱，其中也有这方面的原因。

（七）同事关系

这种关系一般表现在班级的学生干部身上。他们的关系可能在事实上并非很好，但为了班级工作或其他原因，干部之间必须合作。这种关系和同学关系较为类似。

以上的这几种人际关系可以说存在于所有的班级中，有的表现较为明显，有的表现较为隐秘。这些关系在其发展中有的可能继续加固和扩大，有的可能削弱和解体，扩大和加固的就有可能形成一些非正式组织。

四、高校学生班级与非正式组织

所谓非正式组织是班级中由于个人的接触、交往和相互影响而自由结合形成的联合体，这种结合纯属偶然、意外而不带目的性，简单地说非正式组织就是一种小集团。这种非正式组织一旦形成势力，便会左右和影响班级的各个方面，因此任何正式组织都要重视这种非正式组织。

非正式组织的作用也是一分为二的，它的积极作用一般表现在：第一，可以调节和弥补班级集体的不足之处，促进班级集体的自身建设。第二，可以了解和沟通正式渠道难以得到的意见和信息，使班级的建设趋于合理和提高。第三，可以规定和影响个别成员，使班级保持和谐一致，从而分担班级干部的任务和责任，改善班级气候，实现班级目标。第四，可以给小集团成员以社会满足感，取得内心平衡。非正式组织的消极作用一般表现在：第一，反对班级的正常活动，往往拒绝参加或设置障碍。第二，目标冲突。非正式组织的利益经常和正式组织的利益不一致，成员有时为了在非正式组织中获得满足，往往忽视正式组织的目标，这样发生目标冲突，不利于正式组织目标的实现。第三，传播谣言。非正式组织有非常灵敏的信息传播渠道，如果正式组织和非正式组织之间不能保持和谐，这种传播渠道就往往成为搬弄是非的工具。第四，离散班级。非正式组织的成员往往搞小动作，拉人下水，对个别上进的人挖苦、讽刺，违犯校规校纪情况较多，成为不安定因素。当然，非正式组织的影响远非这些，对这一现象不能简单地加以否定，也不能视而不见，听之任之，而应因势利导，扬长避短，最大限度地发挥他们的积极作用，并把消极作用限制到最小程度，化消极因素为积极因素。下面提几点供参考的意见：第一，班委会要经常进行意见沟通，不给非正式组织传播不良信息的机会，并及时澄清流言蜚语。第二，扩大决策范围，调动班级学生开展正常活动的热情，转移他们对非正式组织的恐惧或依恋。第三，班长要尽可能联络非正式组织的核心成员进行合作，必要时可启用非正式组织的某些成员，使之由抗衡转向合作。第四，班主任或辅导员出面协调正式组织和非正式组织之间的利益，使两者不发生重大冲突。第五，正式组织的忠实成员，特别是班级干部要多做工作，通过自身的力量扩展人际关系，从而通过这种人际关系，逐渐瓦解非正式组织。

五、高校学生班级中班干部的类型

高校班级人数较少，一般都在 20～30 人，因此班级的层次性较少，基本的结构是：班委会 5～7 人，团支部 2～3 人，班委会下设几个小组，团支部下设几个团小组。班委会负责班级的日常事务，解决班级重大问题，决策班级的重大活动，团支部带领或协调组织全班学生参加或参与学校组织的各项活动。经观察和调查发现，班级中一般都是班委会起主导作用。

一个班级的好坏，在其发展中虽然取决于班委会的群体力量的强弱、班级成员平均素质的高低，但班长个人的素质不容忽视，其往往还起着决定性作用。从行政管理的角度讲，班长是一个班级的行政首长，他个人的好恶喜怒、思想风格、意志品质，都会辐射给周围，影响班级的发展。班长一般有以下几种类型：

(一) 集权型

这种类型的班长集班级的大权于一身，事无巨细，每事必躬，视班务为个人之事，可以主宰一切，他人任何的染指和不恭都被看作是对本人的侵犯。这种人占有欲极强，渴望控制，久而久之就会树敌众多，众叛亲离，班委会成员分崩离析，班级派系林立，四分五裂，陷入一片混乱。如果这种类型的班长能力较强，控制局势，班级就会出现另一种情况，众心归一，形成一个集体。这种类型的班长往往在校、系的学生会中任要职。当然在现实的班级中，这种类型的班长不是很多的。

(二) 民主型

这种类型的班长较为常见。班长作风民主，遇事多同班委的其他成员商量，从不妄自独断，高高在上，平均使用权力，分工明确，严格执行"各司其职，各负其责"的原则，能紧紧团结班级委员会并形成核心，能及时有力地化解各种矛盾，和非正式组织相互合作，并最终使之解散。这种班长大多属于温和派，被人承认和接受需要较长一段时间，但最终能使班级成为一个有力的班集体。

（三）放任型

这种类型的班长一般说来学习成绩较好，工作能力较差或一般，没有能力和信心将班级的同学团结在自己的周围。缺乏竞争意识，责任心和事业心均不强，但能埋头学习，成绩一直较好。不注重或很少注重人际关系，和班级同学、老师均无过密之交，遇事不能出头露面，唯唯诺诺。放任型班长所在的班级一般都是平安型。

目前在学生中出现一个特殊的阶层，被称为"学生贵族"。这些学生几乎都是干部或学生中的权威，他们凭借手中的优越条件，凌驾于普通学生之上。他们社会习气较浓，严重脱离班级，影响较坏。这一现象的形成除了个人和社会因素外，与辅导员或领导平时对他们"娇生惯养"也不无关系。要加强校风的建设，整顿班风和系风，必须重视和解决好这一阶层的问题。要在学生干部中实行轮换制，让每个学生都有锻炼能力、施展才华的机会，这同时也可以减少形成"学生贵族"的机会。领导或辅导员要待人平等，杜绝任何学生干部的任何借口的"后门"行为。对学生干部的任用，要注意德、智、体全面发展，不要因为学生有某种特长或学习成绩较好就委以重任，要看他是否具有一定的思想素质和道德水平及工作能力。

当代的组织理论从热力学中引入了"熵"的概念来说明问题。在组织理论中，熵是指一个组织是否吸收外部环境中的能量和资源并向社会输出能量，它是衡量一个组织系统中秩序失调的尺度。熵有正负之分，正熵表示组织走向解体或死亡，负熵表示组织的延缓，这种理论对于实行干部轮换制是有积极的启发意义的。一个班级要想获得新鲜的血液，健康地向前运行，班级的领导核心就得吸收逐渐崛起的在学生中有一定威望和权威的德才兼备的学生，使新生的班级核心不断补充能量和释放能量。

第二节　大学班主任工作管理

在大学学习期间，班级是学生最基本的学习、生活单位。一个班集体的好坏，对几十名学生的健康成长和建功成才有着不可低估的导向和熏陶作用。所以，大学的班主任工作依然非常重要，是高校学生管理工作的核心环节，也是高等教育的重要组成部分。做好班主任工作要明确带班方向，选拔、用好学生班干部，政治教育要狠抓信仰这个根本问题，学风建设要侧重于培养能力、造就人才，在培养学生良好生活作风和道德情操时，应注意管理与教育的有机结合。作为一名优秀班主任，还需要在思想、道德、学术和育人能力等方面有较高素养。总之，班主任工作是一门艺术。

一、确定目标是班主任工作的前提

作为班主任，欲将一个班级引向何方，带成什么样子，必须明确目标。一个人若缺乏事业上的追求，将会萎靡不振，一个班级如没有明确奋斗目标，将是个涣散的集体。当然，我们的教育，不能离开党的教育方针这个总目标，但是，随着学生年龄、学历的增长，生理、心理的变化，不同类型学校、不同层次班级的学生又各有特点，这些特点是班主任开展工作的出发点。把教育方针与班级特点有机地结合起来，就形成一个班级的奋斗目标：在党的教育方针和学校校风的指导下，在政治上积极向上，保持正确的政治方向，有积极的参与意识；在学业上，勤奋严谨，富有开拓进取精神；在道德品质、生活作风上要遵纪守法、团结奉献、文明高雅、生动活泼、有时代感，追求高尚、和谐的境界。教育过程是通过教育主体与教育客体有机结合来完成的，班主任的设想要变为现实，首先必须变为学生的共识、学生的愿望。

确立明确的班级奋斗目标，对班主任和学生都具有重要意义。班主任在构思长远班级工作蓝图、制订学期计划、配备学生干部、进行思想教育、开展课外活动时，可以避免盲目性、随意性，做到有条不紊、循序渐进。学生会感受到向上、和谐的氛围和凝聚力，将在自己的潜意识中产生积极的导向作用。

二、配备干部是班风建设的关键

每个班主任都刻意追求一个良好的班风，如果说确定目标是前提，那么，配备学生干部就是关键。这是因为：①当代大学生普遍有强烈的"自我"意识，班主任事无巨细地过问，往往事与愿违，甚至造成逆反心理。班主任应该利用学生这种心理，变盲目的"自我"为自我管理、自我服务、自我教育。那么，通过班干部使学生更好地完成"三自"，则是他们更容易接受、效果更为理想的方式。②干部与学生朝夕相处，是每个学生生活细节和思想境界的知情人。如果没有学生干部，班主任对学生的情况势必若明若暗，一切治班思想和措施将很难转变成学生的实践。③学生干部多为德才兼备或具有特长者，是学生心目中的领袖，对学生有直接的感染力和凝聚力。总之，学生干部是班主任与学生之间的"桥梁""纽带""信息网"和"催化剂"。所以，配备得力的干部是班风建设的关键。

在选拔任用班干部时，应注意到两点：首先，坚持三条标准，即正派、热心、精干。班干部尤其是核心干部必须光明磊落、坚持原则、德才兼备，由这样的干部组成的班委会才有威信、有凝聚力，班风才能正常。相反，若让一些言行不一、拉帮结伙、投机钻营的学生担任干部，势必涣散集体，毁坏班风。热心，是指关心集体，有责任感和奉献精神。热心的干部，才可能踏踏实实地开展工作，讲求实效，任劳任怨，积极探索。精干，是指思考周密，独立解决问题的能力强，工作效率高，有开拓精神。其次，选拔方式要三结合：一要档案与考察结合。从新生中选拔干部，主要参考中学时档案。但是，不可把中学档案视为唯一依据，因为有些档案对学生的评价誉美胜过记实，班主任若只是按图索骥，难免出现失误。应该对候选干部先行试用，认真观察考验，再定取舍。二要选举与指定结合。选举是产生干部的基本方式，通过选举产生的班干部有群众基础，有号召力，便于开展工作。随着年级增高，同学关系复杂化及学生考虑问题角度变化，大民主选举可能会带有局限性。因此，在班干部换届之前应做充分的酝酿和舆论导向工作，以保证优秀学生当选。分工时，班团的核心干部最好由班主任指定。三要稳定与更新结合。一个得力干部班子及其良好作风的形成，需要成员之间的团结协作和实践磨炼，为保持良好传统，班团干部队伍的相对稳定是必要的。有些干部因工作认真负责，可能会失去一部分选票，为发扬正气，稳定干部情绪，这样的干部要保留下来。但是，如果不适当补充新干部，班子会缺乏活力，而且，我们学生未来职业的特点也要求他们具备一定的组织、管理和其他社会活动能力。因此，每学期要改选一次，补充一定数量的新干部。

在使用干部时，需要注意下面提及两点问题。第一，培养干部的工作能力。具体做法是：明确任务、指导方法、敢于放手、认真评估。每届新班委产生，班主任都要详细布置班级工作任务，明确每个干部的职责，并要求他们制订出各自的工作计划，汇总后形成本届班委工作方案。班主任要在学生干部的工作方法上予以适当指导，比如，如何调动同学的积极性，如何组织社会调查活动等。学生干部的工作能力，主要是从实践中锻炼出来的，班主任要敢于放开手让学生自己去干，对他们的工作，既要提倡创新，鼓励开拓，也要允许有失误，吸取教训。对学生干部工作的认真评估，可帮助他们发扬成绩，找出差距，总结经验教训，这也是培养干部能力的重要环节。第二，爱护干部。主要体现在保护积极的、推荐优秀的、挽救失误的三个方面。对于工作热情高的干部，班主任应大力扶持，参与他们组织的活动并提供便利条件，特别是要妥善保护那些坚持原则、敢讲真话的干部，以免导致他们在学生中陷入窘况，产生矛盾，挫伤积极性；对于经过考验，确属优秀的干部，班主任应及时推荐给校、系学生组织，以使他们能在更高层次中得到锻炼；对于个别犯错误的干部，既要严肃批评，帮助他们认识错误，又要努力挽救，变消极因素为积极因素，如有可能，则提供重新工作的机会，使他们重新振作起来并发挥自己的特点。

三、树立信仰是思想政治教育的根本

大学生的思想政治教育是一项系统工程，需要齐抓共建。作为班主任，应该有针对性地狠抓信仰这个根本性问题。近几年，许多大学生对政治学习不感兴趣，对各种政治活动持消极态度，究其根源在于所谓的"信仰危机"。所以，班主任在培养学生坚定正确的政治方向时，必须狠抓树立马克思主义信仰这个根本问题。

第一，先学点基础理论。造成当代大学生信仰危机的一个极重要因素是缺乏马列主义理论常识，当各种流派的思潮袭来时，因缺乏鉴别力而随波逐流。另外，大学生思想活跃，求知欲强，崇拜名人名著，但社会阅历不深，容易轻信各种学说。针对这些思想特点，班主任在对他们进行思想政治教育时，要注意理论性、知识性、实践性相结合。要有计划地引导学生从空想社会主义名著读起，再学马克思、恩格斯的科学社会主义经典篇章，然后，结合中国近现代史学习，使学生充分认识科学社会主义之所以可信，因为它在理论上是站在巨人肩膀上形成的，是人类智慧的结晶。与各种流派的理论相比较，它至今仍不失为最严密、最深刻的理论体系；在实践中，它已经引起一场历时一世纪、波及全世界的社会大变革。对国际社会主义事业出现的挫折，要具体分析，弄清是由于某些政党没把自己的事情办好，还是马克思主义本身的问题。通过理论常识育，学生真正了解一些马克思主义，提高了鉴别能力，不致面对各种思潮而茫然失措。许多学生说，与其他学说相比马克思主义博大精深，有实践意义，不能轻易否定。

第二，升华学生的社会实践活动。开展社会实践活动的目的，是使学生了解国情，加深对我国改革开放政策的理解，从而坚定走具有中国特色的社会主义道路的信念。但是，如果对学生活动不加引导，认识不予以升华，就不会收到满意的效果。每次开学初，都要认真阅读学生的社会实践报告，择其优秀者在班内组织的社会实践报告会上宣讲。班主任通过学生耳闻目睹的事实，对他们进行国情教育、今夕对比教育和两种社会制度对比教育，使学生认识到，中国的国情不同于欧美，能使十几亿中国人吃饱、活好，的确是件不容易的事情，进而体会到改革开放的重大意义。同时，班主任还要引导学生正确对待调查中发现的某些社会不正之风，划清主流与支流、制度与体制的界线。

第三，采取灵活的教育方式。政治思想教育进行灌输是必要的，再配合其他方式，效果会更好。要结合青年人的特点，经常举办融思想性、知识性、娱乐性于一体的活动，如读书报告会、演讲会、专题报告会，创办党的知识手抄小报，组织党章学习小组等。实践表明，抓住树立信仰这个根本问题，可以带动班级的整个思想政治教育工作。

四、造就人才是学风建设的主题

大学的工作千头万绪，但是说到底，中心任务还是教学。作为班主任，忽视班级的学风建设，将是严重失职。抓学风建设，还需要从实际出发。近几年，高校学生厌学风有所形成，造成厌学的原因很多，其中，对高等教育的认识片面，是干扰我们大学生积极进取的重要因素之一。有位大学校长说过："大学主要不是传授知识，而是教会学生取得知识的方法。"这话是有一定道理的。我们认为，高等教育的任务，应该是根据年级层次，由传授知识为主逐渐转向培养能力和造就人才为主。基于这种认识，班主任在抓班级学风建设时，应始终紧扣培养能力、造就人才这个主题。

第一，制定四年一体化的培养方案。高等院校的教师，绝大多数是各有专业，各司其教，如同铁路警察，各管一段。这势必造成在对学生的学习动力、努力方向、研究方法、综合能力等方面的培养和训练上缺乏科学、系统的宏观协调。针对这种情况，结合专业特点，可制定1～4年级系统化的培养方案，核心构思是根据年级层次，由知识型向能力型转变，由培养人才向造就人才转变。

第二，有条不紊地实践。从大学一年级开始，配合专业课学习，可从校内外聘请学有专长的学者、教师在班内搞系列学术讲座。具体可开辟"发奋读书，立志成才""研究生成功之路""图书馆的利用""职业道德素养""学术论文的表述""报考研究生诸问题"及人文专题讲座，这些题目皆依年级层次有针对性地选定。选题的基本思路是：激励学生有追求、不虚度，爱读书、会读书，掌握获取知识的方法，注意理论和能力的培养训练，鼓励学生脱颖而出和建功成才。与此同时，经常开展读书报告会、书法和演讲比赛、模拟教学等学术活动，并创办墙报、刊物……以活跃学术气氛。针对高年级学生两极分化的趋势，可采取抓两极带中间的措施。一方面大力鼓励优秀学生朝着继续深造的方向努力，对其中突出者给予特殊奖励，例如，凡是通过国家大学英语四级考试的学生，班内都要予以奖励；另一方面，对个别不够努力的学生，分别做思想工作，引导他们着眼于未来教育，立足于提高专业素质，不负美好青春；同时，可以组织学生成立社会调查小组，以"社会需要什么样的高素质人才"为题，对不同的企事业单位进行大量的问卷与座谈调查。结果表明，社会欢迎的是那些知识丰富、能力突出、思想活跃、品德高尚、具有时代感的优秀人才，最讨厌那些不学无术、举止不雅、格调低俗、思想僵化的毕业生，这项活动在班内引起较大反响。同学们进一步认识到，不努力完善自己，将来就可能成为不受社会欢迎的毕业生，真是"今日学习不努力，明朝就业空着急"，所以，有更多的学生抓紧时间读书，扩大知识视野，加强各种能力培养和自我完善。

五、管、教结合是优化生活作风的要诀

树立高尚、和谐的班级生活作风，是一项长期、复杂、细致的工作。对此，班主任的任何放任自流、秋后算账、赶风头、走过场的做法都于事无补，甚至会引起不良后果。班主任在优化班级生活作风时，既需要严格的行政管理，更需要深入细致的思想教育，二者需要有机地结合。

在管理方面力求做到制度化、定量化。第一，制度化。学校的各项规章制度是维持学生学习、生活秩序的根据、保证，离开校规校纪，建设良好班级生活作风就无从谈起。因此，班主任严格照章管理是优化学生生活作风的起码要求。新生入校，班主任要配合校、系开展的入学教育，反复细致地向学生介绍学校的各项制度和大学生行为规范，使他们清楚什么是不允许做的，哪些是必须做的，并在此基础上制定班级文明公约，张贴于教室醒目之处，通过这些来增强学生的秩序意识。在新生还没有形成一个良好的生活、学习习惯以前，班主任的跟班到位非常必要，可以督促学生尽快适应学校秩序，养成自觉遵守校规校纪的习惯。对违纪的学生，班主任应不隐恶、不护短、照章处罚，以维护制度的严肃性。第二，定量化。一般来说，校园生活很少惊天动地之举，学生的优劣是从他们平时德、智、体、美、劳的综合表现中区分开来的。如果班主任平时缺乏对学生各方面情况的详细记载，那么，在评价学生时就难免出现两种倾向：或者任凭一时印象，贬褒脱离实际；或者因情况不明，一律半斤八两，优劣难分。这样就很难达到管理的目的，因此，班主任对学生的学习成绩、发明创造、政治活动、生活纪律、社会工作、公益事务等方面情况及参加次数、名次效果都要有详细准确的记载，并且转换成数量关系，进行比较排队。实行定量化管理，在团员考核定格、评定奖学金和德、智、体综合测评时，就可以大大减少误差，而且公平、合理，进展顺利，学生心悦诚服，奖励表彰也发挥了其应有的作用。

思想教育是优化生活作风必不可少的环节。这是因为，任何规章制度必须转化为学生的思想，才能真正发挥作用，而思想教育就是这一过程的"催化剂"。更重要的是，人的精神世界深邃复杂，有些是任何规章制度都无法规范和约束的。例如：后进学生的思想转化、优良品质、高尚情操的培养等光靠行政管理则难以奏效，而思想教育却有其独到之处，在进行思想教育时，要注意坚持正面教育和潜移默化。

第一，坚持正面教育。前几年，由于中小学片面追求升学率，从学校到家庭，只重视学生的智力教育，而放松了思想品德的培养。对大多数中学生来说，升学是唯一的学习和精神支柱。一旦进入大学，以往追求的目标达到了，精神世界却出现了空白，思想品德方面的弱点开始暴露：自由散漫、法纪观念淡薄、缺乏群体意识，甚至损人利己、违法乱纪、人生观倾斜。因而，大学班主任在优化学生生活作风时，必须从上述实际情况出发，从一年级开始，就针对大学生行为规范、专业思想、教师职业道德、集体主义、人际关系、恋爱交友等问题对学生进行正面教育，有的题目需进行多次。做好犯错误学生的思想转化工作，是思想教育的重要内容。对违纪学生进行处罚是必要的，但是，处罚只是手

段，目的是促使他转变。不配合思想教育的处罚往往会增加消极因素，反而达不到处罚的目的，对犯错误的学生，班主任要采取严肃批评、耐心转化的教育方法。例如，针对两名学生入学不久的违纪问题，我们可及时召开班级生活会，并和学生们一起认真分析违纪的思想根源，严肃指明错误性质，殷切提出希望，并建议组织根据本人的诚恳态度从轻处罚。这些做法真正达到了教育本人的目的。然而，事后那两名学生觉得刚入学就跌了跤，对未来失去信心，一度情绪消沉，认为"世俗的偏见只会记住人们的过失"。班主任经过多次深入细致的思想转化工作，并为他们提供发挥自己特长的机会，这两名学生终于振作起来，连任学生干部，工作出色，受到学校的表彰。

第二，潜移默化。这里是指优化班级环境，陶冶学生的高尚情操。生活在集体中的人，有很强的从众心理，青少年更是如此。因此，优化班级环境对大学生思想情感、道德情操的教育效果，有时是正面说教根本无法达到的。可积极引导学生广泛开展有益、高尚的集体活动，举办跨班、跨系、跨校的学生联谊会，经常开展演讲会、书法文体比赛、游览、参观、各种形式的晚会及创办文艺板报、诗刊等别开生面的课外活动。所有这一切都是为了创造良好的班级环境，用真、善、美的东西占据学生的课余时间和思想空间，以文明、高雅、和谐的校园生活来陶冶学生的情操，从而培养他们热爱生活、热爱集体、热爱祖国和无私奉献的精神。管理和教育同为育人手段，前者是保证，后者是基础，二者的有机结合是优化班级生活作风的要诀。

综上所述，班主任工作要方向对、情况明、讲科学、下功夫，但是这还远远不够。高度的责任感、事业心，对学生的深厚感情和无私奉献精神是当好班主任的思想动力，高尚的道德修养、全面的育人能力、较高的学术水平是优秀班主任应具备的素质。总而言之，班主任工作是对学生的朴素的爱的升华，是奉献精神的提炼，是育人思想性与科学性的高度统一，是一门需要不断探索的综合艺术。

第三节　班主任在高校班集体人际关系中的作用

大学生人际关系是大学生之间通过各种活动必然结成的一种关系，它是一个较复杂的系统，包含了个人与个人、集体与集体、个人与集体、正式群体与非正式群体等种种关系，而班集体人际关系仅是其中的一个分系统，主要包含有个人与个人、个人与集体、班内非正式群体与班级正式群体等几种关系。

一、人际关系的作用

融洽、和谐的人际关系对处于一定社会环境的人的身心健康有积极的促进作用，这一点，对大学生也不例外。而且，对于正处于心理"断乳期"的大学生来说，融洽、和谐的人际关系更有其特殊而重要的意义和作用，这主要表现在帮助大学生学会正确处理各种人际关系，向社会学习，顺利进入甚至完成青年时期的初步社会化阶段，促进他们的个性健康地发展等诸方面。正如赫尔洛克所指出，融洽的人际关系具有以下作用：

（1）给青年以稳定感和归属感。

（2）给青年以健康的娱乐场所。

（3）使青年获得社交的经验。

（4）使青年提高宽容和理解的能力。

（5）给青年以学习社交技术的机会。

（6）给青年以培养社会洞察力的机会。

（7）发展对集体的忠诚心。

（8）使青年经验求爱行为。

二、影响班集体人际关系的因素

需要说明的一个概念是，"班集体人际关系"指的是高校班级内部的人际关系。

处理好大学生人际关系，既是高校的愿望，也是每一个初入大学校门的学生的真诚所求。但是，在高校的大学生生活中和学习等活动中，人际关系的状况往往不尽如人意，那种充满互相尊重、友爱气氛的班集体并不多见，较常见的是班内非正式群体异常地繁荣，人与人之间关系平淡的那种"松散型"班集体人际关系。甚至在个别班集体内，由于班主任工作的失误或个别学生和非正式小群体的分离、破坏作用，从而使得班级内矛盾复杂，关系紧张，情感淡漠，气氛压抑，这使得很多学生心理上受到损失。

一项研究资料表明，大多数大学生认为同学相处应当真诚相见，人际关系应建立在互相尊重、友爱的基础上，只有极少数学生认为同学相处应自扫门前雪，各不相扰，人际关系是建立在金钱关系或权势基础上的。但是由于受社会不良风气的影响，大学生个性不成熟，特别是缺乏班主任的及时引导、协调，使得很多初入校门的大学生随着时间的流逝而对现实中的人际关系愈来愈感到失望，正如有的同学所言："我想真诚相见，但现实令人失望。"社会心理学研究成果告诉我们，影响人际关系密切程度的主要因素依次为：

（一）时空接近性

俗语说："近水楼台先得月""远亲不如近邻"，时空距离是形成密切人际关系的一个重要条件。大学生或因同乡，或同一寝室，或因同时入学经常接触，从而为建立密切的人际关系打下了良好的基础。

（二）态度相似性

如果大学生之间对某种事物和事件有相近或相同的态度，具有较共同的追求、兴趣、价值观等时，感情容易引起共鸣，形成融洽的人际关系。

（三）需求互补性

大学生生活和学习中会产生多种心理需求，如果一方的行为或心理的、个性的特点，正好能满足另一方的心理需求，双方的关系就会密切起来。

（四）外表和个性特征

亚里士多德曾说过："外表包括人的外貌、身高、风度等。这些因素也会影响人与人之间的关系。美丽比一封介绍信更具有推荐力。"

上述几种客观因素，对处于自然发展状态的班集体人际关系起着重要的、潜移默化的影响、制约作用，但是，高校班集体人际关系并不仅仅是在自然状态中发展的。作为班主任，一方面由于其所具有的法定权威（即靠社会固定程序而获得的权威），另一方面班主任在与学生的较长时期的交往中，双方的"心理相容"（主要指受教育者对教育者表示认同，愿意接受其影响）强度较高，所以，在指导、处理班级的各种管理事务、思想教育工作中，班主任必然对班级内部的人际关系有触动、影响作用。这种作用，既可能是积极的，也可能是消极甚至是破坏性的，因而，加强这方面的探讨，就成为一项很有实际意义的课题。

我们认为，处理好大学生人际关系，创造出融洽、温暖的人际关系环境，一方面要依赖于上述各种存在于大学生班集体内部的客观因素，另一方面则依赖于班主任强有力的、及时而恰到好处的引导和协调，而后者则更为重要，这正是我们要着重讨论并解决的问题。

三、班主任在班集体人际关系中的积极作用

研究表明，班主任在班集体人际关系中的积极作用主要表现为直接作用和间接作用两种。

（一）直接作用

即班主任通过各种方式、手段直接施加影响于大学生个体，如通过谈心、批评、表扬等方式，直接对大学生人际关系的状态发生作用。这种直接作用具体表现为两点：

其一为控制作用，即在班集体人际关系中，班主任对人际关系的状态、发展方向、出现的问题等能够予以把握、控制，施加强有力的影响，它的特点是强制性的管理手段的成分较大。

我们可以运用非标准化观察法观察到以下几种现象：①由于时空接近性因素的影响，往往从刚入学直至将近一年甚至更长的时间里，同一宿舍的同学之间的人际关系特别密切，而同其他宿舍的同学关系较平淡。久而久之，这种"宿舍意识"导致了同一宿舍的学生对其他宿舍学生产生一种排斥心理，从而影响了大学生人际关系的改善。②班内非正式群体的形成、发展，在客观上对班内的人际关系的改善起了一定的阻碍作用。③组建不久的班级内人际交往中某种促进、改善人际关系的个别事件或限制、破坏人际关系的个别事件，对以后的班集体人际关系的发展方向将起到潜移默化的榜样式的影响作用。对于以上几种影响到班集体人际关系的现象，班主任均可以发挥控制作用，促进、鼓励有利于人际关系改善的情况、因素，限制、批评不利于人际关系改善的情况、因素。如对于上述第一种情况，班主任在适当时机，将班内几个宿舍成员重新编排，形成新的宿舍集体，实践证明，这种做法的效果是较好的。对于第二种情况，班主任的控制工作主要：一是要适当控制班内非正式群体的规模和数量，二是要注意发挥非正式小群体内的"核心人物"的特长和作用，使其在班内发挥良好的作用，三是要坚决限制"破坏型"非正式小群体，切不可任其发展，必要时，可施加压力迫使其解散。对于第三种情况，班主任可发挥其自身特殊的权威性地位的作用，对于有促进、改善班内人际关系作用的个别事件，则公开表扬、肯定，对于限制、破坏班内人际关系作用的个别事件，则公开批评、否定，从而在班集体内部形成一定的心理压力和权威性的行为导向舆论。

其二为协调作用，即在班集体人际关系中，班主任对人际关系发展中的各种矛盾，可以充分发挥调解作用，及时消除、降低人际关系中不良因素的消极、破坏作用和影响。它的特点是说服教育、心理沟通的成分居多。

在班内人际交往中，出现的大量的与各种人际关系有关的问题和矛盾，仅仅依赖于班主任的控制作用很难产生良好效果甚至会起反作用，这就需要班主任根据具体情况，灵活变换工作方法，充分发挥协调作用。

班主任的协调作用，主要体现在对下述几种班内人际关系的协调中：

（1）不同地区来源学生之间的人际关系。

（2）学生干部与普通同学之间的人际关系。

（3）男女学生之间的人际关系。

（4）正式群体与非正式群体之间的人际关系。

（5）宿舍之间的人际关系。

这五种纵横交错的人际关系不仅是构成班集体内部基本的人际关系的内容，而且是容易触发人际关系矛盾，引起人际关系紧张的最主要的几种人际关系。单纯使用控制手段调解上述五种关系，则显得力不从心，效果不佳。因而，在深入学生生活圈子，了解真实情况的基础上，班主任结合学生碰到的有关人际关系的具体问题，以及不成熟的处理人际关系的行为，热情地给予指导、解释、调解，乃至于有计划、有重点地谈心。或者，通过班会、团的生活会等形式，班主任与全班学生一起开诚布公地、平等地讨论如何处理好人与人之间的关系，都将对学生之间消除误解和纠正不恰当的人际观念及行为，形成融洽的人际关系起到良好的促进作用。

（二）间接作用

即班主任并非直接施加影响于学生个体，而是通过特定的中介物达到目的。班主任可以通过指导、培养班级建立良好的班风，间接地对大学生人际关系起到良好的促进作用。

班主任既是班风建设的规划者，也是组织者、指挥者，只要班主任恰当地发挥这种具有独特地位的影响力和精心搞好组织工作，班风建设就会循着较健康的方面发展，这一点已为许多班主任的实践经验所证明。那么，班主任就可以充分利用班风对人际关系发生影响这一特性，通过班风这个中介物，达到影响、协调班级人际关系的目的。

第七章　高校学生管理中的奖励与惩罚

第一节　奖惩是行政管理的重要手段

一、奖惩是激励理论在学生行政管理中的具体运用

激励是管理学和管理心理学中的一个重要概念。所谓激励就是指通过一定客观刺激，增强人的行为的内在动力，促使个体有效地达到目标的过程。所以激励是激发人的行为动机的心理过程，也可以说激励过程就是调动积极性的过程。

在学生行政管理中，奖励就是从正面来肯定学生思想、行为中的积极因素，根据有关规章制度给予精神或物质上的正面刺激，以达到鼓励先进、发扬正气之目的。惩罚（处分）则是从反面否定学生思想行为中的消极因素，根据不良行为的情节轻重和纪律规定给予教育或处理，以达到明辨是非、纠正错误、促进转化之目的。

当某一学生的行为受到肯定，得到鼓励时，他们的心理上就会得到某种满足，一般情况下这能激励他们沿着同一方向产生更高层次的要求，激发他们更加努力地工作；而当某一学生的行为受到制止时，由于触动其自尊心，受到教育时，他们一般都会检讨自己的行为原因，纠正自己的行为。由此可以看出，奖励和处罚主要是通过支持、鼓励或制止、清除学生某种行为，以外部刺激的方式对人的行为起着加速或延缓的作用。奖励或惩罚在这里是作为激励的一种措施在学生管理中具体运用。

在学生行政管理的实际工作中，奖励激励的运用较为普遍，而惩罚激励似乎不大好理解。实际上作为外部刺激的惩罚与调动人的积极性的作用之间存在着辩证统一的关系。激励本身包含有激发的作用，惩罚从某种意义上看就是一种与奖励不同角度的激发，当某个学生受到处分时一定会产生不愉快的情绪，必然会引起心理上的紧张不安和内心矛盾的斗争，这种内心矛盾的激发，可以促进产生周密细致的思考，从而分清是非，痛改前非，抑制不良的思想行为。因此，惩罚也是一种积极的、可以催人上进的外部刺激，也就是说处罚本身就是对违纪学生的一种激励。在高校学生管理工作中，有效而正确地实施奖惩激励，不仅可以激发学生成才进取，调动学生积极性，而且可以严肃校纪，整顿校风。

二、奖惩是大学生行政管理的重要手段

高等学校学生管理必须按照规定的培养目标，对学生的德、智、体全面负责。高校学生管理工作，涉及学生的政治思想、生活、学习等各方面，它渗透到家庭、社会及学校内部的教务、科研、后勤等各个部门，因此学生的管理工作应该是全方位的齐抓共管。学生管理工作必须统一规划，多方协调。

高等学校培养学生，既要依靠教育，又要依靠管理，两者相辅相成，不可分割。教育

是管理的前提，管理是在教育基础上的管理，教育是培养高质量人才的直接手段，管理则是达到教育目的的基本保证。从一定意义上讲，管理也是教育，同样是为培养人才服务。因此，要达到预期教育目的，必须在培养学生的各个环节上，将教育与管理有机结合起来。只有这样，才能培养出有理想、有道德、有文化、有纪律的优秀人才。高校学生行政管理的主要方法就是褒扬和惩治两个方面。对遵守管理制度，其行为符合规范的学生集体和个人予以表扬；相反，对违反管理规定，其行为不规范的集体和个人，要有明确的限制措施，并要有严厉的处罚制度约束其中特别恶劣者。奖惩在高校学生管理中的主要作用有以下三个方面：

（一）奖惩是实现高校人才培养目标的重要途径和必不可少的手段

高等院校是培养人才的场所，培养和造就德、智、体全面发展的社会主义现代化建设人才，是高等院校一切工作的归宿和出发点，也是高等院校的人才培养目标。学校管理工作的好坏，直接关系到培养人才的质量和人才培养目标的实现。然而在整个学生管理工作朝着管理目标连续地、有序地运行过程中，奖惩作为一种强化手段，不仅可以激励学生，调动学生的积极性，而且可以规范或强化学生的行为，使其朝着德、智、体全面发展的成才方向发展。所以，正确而有效地实施奖惩，有利于高校人才培养目标的实现。

（二）奖惩有助于更好地做好学生的思想政治工作

思想政治工作是做好一切工作的保证，学生奖惩工作作为学生管理的重要内容，当然也离不开思想政治工作。奖惩作为一种手段，其目的在于教育学生，明确是非界限，所以，当思想政治教育工作与奖惩工作紧密结合起来的时候，就会大大增强教育的效果。比如通过对学生的奖惩，可以为学生思想政治工作提供具体生动的事例，使思想政治教育内容具体化，提高思想政治教育的功效。因此通过对具体事例的奖惩，学生可以切身体会到模范地遵守学校规章制度会获得荣誉，而违反学校纪律会受到处罚。因为奖惩的实质就是提倡什么，反对什么。所以，正确的奖惩，客观上就树立了典型，这不仅使被奖者受到鼓励，还能在周围的环境中产生巨大的社会效果，以激励他人上进。正确地实施惩罚亦是如此，它不仅能使少数犯错误的学生吸取教训，改正错误，而且可以使其他人引以为戒。

（三）奖励有利于良好校风、校纪建设

一所学校的校风校纪，是该校办学指导思想和教育目标的集中反映，是一种无形的教育力量。它对于学生的学习态度，思想品德的培养以至世界观的形成是有深刻的影响的。但反过来，一所学校良好校风的形成，又必须借助于科学的学生行政管理，其中包括有效的奖励与惩罚。要建设和形成良好的校风，必须要以严明的校纪和一系列的规章制度为基础。严格科学的学生行政管理和正确的奖惩激励，都可以使学生把各项规章制度和纪律变为自觉行动，并由各个个体行为逐渐形成集体的风气。在这里奖惩作为一种激励措施和管理手段，以它特有的刚柔相济、令行禁止、祛邪扶正等独特功效促使了良好校风的形成。

三、奖励与惩罚的辩证关系

奖励和惩罚作为高校学生行政管理的重要手段，与思想政治教育的其他方法相比，具有明显的刺激特点，其社会影响更为广泛。因此，正确地运用奖励和惩罚的方法，是使人

们的思想意识和行为习惯适应社会主义政治价值体系的有效手段。

奖励与惩罚是紧密相联的。在高校学生行政管理中，奖励与惩罚是同一强化过程的两个方面。一个学生没有受到奖励，在心理上有时会感受到惩罚。同样，如果一个人没有受到惩罚，往往被认为是奖赏。从此可以看出，奖励与惩罚的过程相互统一，奖励的过程同时也就表现为惩罚的过程，反之，惩罚的过程也就表现为奖励的过程。二者相互联系，不可分割。

但是，奖励与惩罚又是相互区别的。在确定的时间和空间范围内，在针对具体事件进行奖励与惩罚时，奖励就是对人的行为的肯定过程，惩罚就是对人的行为的否定过程。二者相互区别，不可混淆。

第二节　大学生奖惩制度的内容

一、什么是奖励与惩罚

奖励与惩罚是对学生已经完成的思想或行为的两种评价方式。奖励，是对学生所做的于社会、集体和他人有益的思想和行为的肯定评价，是从正面肯定学生思想和行为中的积极因素，起到表彰先进、树立榜样、发扬正气的作用；惩罚，是对学生所做的于社会、集体和他人有害行为的否定评价，是用于使受惩罚者认识和改正自己错误行为的方法。

奖励与惩罚是大学生思想政治教育方法中的一个重要环节，是高校学生行政管理的重要手段。

二、奖励与惩罚的主要形式

（一）奖励的主要形式

我国高校目前实行的是精神奖励和物质奖励相结合，以精神奖励为主的办法。奖励有精神奖励和物质奖励，前者分为口头表扬、通报表彰，发给奖状、奖章或授予荣誉称号等，后者有奖学金、专项奖学金和纪念品等。

精神奖励是奖励的主要内容。对平时学生学习、生活中出现的好人好事，教师及思想政治工作者、行政管理部门应及时给予表扬或通报表扬，在校内外有重大影响的先进人物及事件，则应给予表彰。

物质奖励是奖励的重要内容。目前我国高校实行的一般都是奖学金制度，一般有奖学金、专项奖学金和特殊奖学金三种。奖学金有国家规定的奖学金和社会团体、知名人士捐赠、设置或以社会知名人士名义集资的基金两种，用于奖励品学兼优的学生；专项奖学金是为某一种活动或某一方面的事项而设定的，用于奖励为这些活动或在这些事项中做出优异成绩的学生；特殊奖学金是随机性的，用于奖励在某一方面或某领域做出特殊成绩，或在校内外有积极影响的突发事件中的有功学生，亦可称为单项奖学金。物质奖励的方法主要是将学生的学习、表现与其经济利益结合起来，直接触及学生的物质利益，从而调动学生的学习积极性，也可以与其将来的就业结合起来。

（二）惩罚的主要形式

奖励与惩罚，二者是相辅相成的。惩罚的作用首先是使对真、善、美起阻碍甚至破坏作用的事件、行为受到遏止，树立正气，抵制邪气，保障师生员工的正当权益，维护正常的教学、生活秩序，其次是训练大学生对假、恶、丑的判别能力。惩罚主要有通报批评、警告、严重警告、记过、留校察看、勒令退学、开除学籍等几种。

"警告"是教育部关于高等学校学生奖惩规定中最轻的行政处分，一般适用于初犯、偶犯和情节轻微者。对于情节特别轻微的，可以给予批评教育或校、系通报批评。需要注意的是通报批评不是处分，仅带有教育性质，且材料不归入学生档案。而警告是一种处分，它和其他几种处分一样，既带有教育性质，又有强制性，是责令其改正错误，保证不得再犯，并在毕业时将处分决定归入该生档案。

"严重警告"和"记过"一般适用于情节较轻，但有一定影响者。"留校察看"一般适用于情节较重，影响较大，但尚能教育好的学生，留校察看期一般为一年。察看时间过长则不利于学生尽快地轻装前进，加速思想转化。"留校察看"既是一种较重的处分，又是教育人、挽救人政策的充分体现。受留校察看处分的学生，在察看期间对错误有深刻认识并有进步表现，可按期解除察看期。按期解除的前提条件是，违纪者必须从思想深处真正认识到错误的严重性和危害性并能改正错误，而不是单纯的书面检讨。对受留校察看处分的学生，在察看期内，如有突出先进事迹，可提前解除察看期。这里所说的"突出先进事迹"是指具有表彰性或奖励性的事迹，如检举揭发坏人坏事和敢于同违纪行为作斗争，或达到学校规定的享受一等奖学金条件，或经常性地帮助别人、关心集体，并为领导和群众所公认等。对受留校察看处分的学生，经教育坚持不改或在察看期间犯有违纪错误的，则应给予勒令退学或开除学籍的处分。注意上面所说的留校察看处分的"解除"，是指执行处分的正常程序，不是撤销处分。

"勒令退学"一般适用于情节严重，影响很大或屡教不改者。

"开除学籍"一般适用于情节特别严重或受刑事处罚者。

学校处分学生的目的在于教育学生，惩罚并不在于惩罚的严厉，而在于惩罚的不可避免。因此一般情况下，处分学生应以保证学习为前提，迫不得已的情况下才使用"勒令退学"和"开除学籍"。同时还要注意，学校对学生的违纪处分只具有行政后果，而不得剥夺受处分学生的人身自由。

惩罚除了以上讲的这几种处分外，一些学校也还辅助以经济的方法处罚学生，一般有罚款、扣发或者取消奖学金、减免助学金或者贷款等，处罚的对象一般都是违反校纪校规，思想表现和学习成绩都达不到基本要求但又不够处分条件的学生。这种经济处罚学生的方法，实际是对学生行政管理方法的补充，它所起的作用是行政方法难以替代的。经济处罚有时亦可与行政处分共同实施。

三、大学生奖惩的主要内容

（一）奖励的主要内容

大学生在校接受奖励的主要内容有学习、文艺、体育、卫生、社会实践等方面及社会工作积极分子。

在学习奖励方面，许多学校都设立了学习优秀奖，主要是奖励一学年内各门功课成绩均达到优秀的学生。

文艺、体育方面的奖励主要是针对学生课外活动设立的，以此来活跃他们的生活，发展他们的思维，开阔他们的视野。各高校近来大都开展了诸如艺术节、运动会之类的大型学生文体活动，内容丰富。时间长者一月，短者一周，并根据活动内容设立了各种各样的奖励项目。

卫生方面的奖励多是针对大学生宿舍建设方面设立的。学生宿舍是学生学习、生活的一个重要场所。为督促学生养成良好的卫生习惯，许多院校都开展了创"文明宿舍"活动或"星级寝室评比竞赛"等活动，这些对于学生宿舍的精神面貌及卫生状况的改善起到了很好的促进作用。

"社会实践奖"主要是为了鼓励学生走出校门，到火热的社会实践中去向工农学习，向社会学习，在实践中加深对国情的了解，注重实际能力的培养而设立的。

（二）惩罚的主要内容

根据大学的学习、生活特点，大学生的惩罚主要有以下内容：

良好的社会秩序和安定团结的政治局面是进行社会主义建设的必要条件，也是学校完成培养社会主义现代化建设合格人才的任务的必要条件。因此学校应禁止任何人利用任何手段扰乱正常的教学秩序和社会秩序及破坏安定团结的政治局面。一般来说对于违反以上原则要求的均可酌情给予勒令退学或开除学籍的处分。

学生处分内容还应涉及学生可能违反国家法律、法令、法规或受到司法、公安部门处罚的行为。

一般来说凡被司法机关处以警告或罚款（不包含交通违章罚款）者，根据情节，可给予警告或严重警告的处分；凡被司法机关收审（经审查纯属无辜者除外）或处以行政拘留者，学校可根据情节给予记过、留校察看、勒令退学的处分；凡被司法机关处以拘役、管制、判处徒刑（含缓期执行）或劳动教养者，给予勒令退学或开除学籍的处分。

司法机关所处的"警告"是对违反治安管理行为最轻的处罚，"罚款"是对违反治安管理的人，限令在一定期限内缴纳一定数量货币的处罚。要注意，"罚款"与"损害赔偿"不同，损害赔偿不是一种处罚，而是指违反治安管理的人，对公私财产造成损失或对他人人身造成轻微伤害，依照法律规定应承担赔偿损失的责任。违反治安管理行为的"警告"或"罚款"，通常是性质和情节较轻的行为，应给予较轻的校纪处分。而对于违反交通管理而情节轻微的行为被司法部门处以警告或罚款的，可给予批评教育而不给予处分。"行政拘留"是司法机关对违反治安管理的人在短期内（1日以上15日以下）限制人身自由的一种处罚，也是治安处罚中最重的一种处罚，可根据实际拘留时间长短、错误情节及认错态度给予记过以上处分。

"拘役"是一种短期内（15日以上6个月以下）剥夺人身自由的刑罚。"徒刑"有有期徒刑（6个月以上15年以下）和无期徒刑两种。"拘役"和"徒刑"虽然都是剥夺人身自由的刑罚，但除了刑期不同外还有其他明显的区别。"拘役"是由公安机关在犯罪者居住地附近的拘役场所执行，并且每月可回家一至二天，参加劳动的还发适当报酬。而"徒刑"则是由劳改机关在监狱或其他劳动改造的场所执行，使犯罪者与社会隔离，在劳改机关的监督下进行强制劳动改造的刑罚。可以看出，"拘役"是轻于有期徒刑的刑罚，不能把拘役称为短期徒刑。所谓"缓刑"是暂不执行原判的刑罚，而在一定期限内送交所在单位予以考验，在考验期限内如没有再犯新罪，原判刑罚就不再执行。缓刑适用于罪行较轻，有显著悔改表现，并认定适用缓刑确定不致再危害社会的犯罪者。"管制"是指在公安机关的管理和群众监督下的一种对犯罪者不关押，但限制一定人身自由的刑罚，是主刑中最轻的一种，在性质上比拘役要轻。根据"拘役""缓刑""管制"三种刑罚的性质，学校行政一般要对受到这三种刑罚的学生给予"留校察看"以上的处分。

"劳动教养"是对违反法纪后果严重，但不够判刑的人施行强制教育改造的一种措施，它是一种比拘役更重的行政处罚，且劳动教养的时间较长（1年至3年），故一般应给予勒令退学以上的处分。

在校纪校规建设方面对学生的处分应包含以下内容：①打架斗殴。在处分这类案件时应考虑这样几个因素：挑起事端及其策划者、直接参与打架者、提供凶器者等。对打架斗殴学生的处理除负担医疗费外，一般应以受害者被伤害程度的轻重来定行政处分的级别。②故意破坏公共财产。故意破坏公共财产主要是指故意损坏、破坏公共财物的完整性或故意使公共财产丧失部分以至全部使用价值的行为。这种行为的特点是出于泄私愤、图报复或其他个人目的的破坏公共财物。决定故意破坏公共财产处分的级别既要根据破坏公共财物价值的大小，还要根据破坏公共财物的手段的卑劣程度等来决定。过失损坏公共财物的行为，一般应按损坏价值大小予以赔偿，但这种赔偿并不是处分。③赌博。这里所说的赌博是指以现金或其他物品为赌注，采取某种用具和方式进行比输赢的行为。在处理这类案件时应注意区分初次参与者与屡教不改者，召集他人赌博者与参与赌博者，提供赌具、场所者与一般参与者，并根据这几个特点结合赌额的大小给予相应的行政处分。如以获利为目的聚众赌博的，则构成赌博罪，应依法追究刑事责任。④酗酒。近年来大学生许多违纪事件的发生，都是由于喝酒引起的。全国一些院校已明文规定学生在校期间不许喝酒（包括啤酒在内的各种酒类），节假日也是如此，因此各高校校园内的商品销售点应禁止向学生出售各种酒类。而学生喝酒一经发现就应给予批评教育，凡因喝酒造成不良影响或严重后果的则应给予相应的行政处分。⑤扰乱宿舍、课堂、食堂、考场、会场、图书馆、影剧院及其他公共场所秩序，妨碍学校或上级工作人员履行公务的，都应根据情节轻重给予相应的行政处分。⑥在校内从事贩卖活动和从事与学生身份不相符合的以获利为目的的经商活动者，除没收其商品外，亦应视其情节及贩卖商品数额的大小给予相应的行政处分。

在思想品德方面对学生处分应包含的内容：①偷盗、诈骗。"偷盗"是指以非法占有为目的，秘密窃取公私财物的行为。"诈骗"是指以非法占有为目的，用虚构事实或隐瞒真相的方法骗取公私财物或某种利益的行为。决定偷盗、诈骗行为的处分，既要根据偷盗、诈骗价值的大小，还要根据偷盗、诈骗财物的手段及危害程度等情节全面分析而定。对于偷盗、诈骗数额较大，情节严重构成犯罪的，应交有关部门依法追究刑事责任。对于偷盗或诈骗未遂的行为，可以比照既遂行为从轻或减轻处分。②有流氓行为或发生不正当性行为者。"流氓行为"是指用下流语言和动作损害他人人身和人格的行为，或出于流氓动机所实施的其他下流行为，如侮辱他人人格，往他人身上涂抹污秽物品，或以谈恋爱为名故意玩弄对方等行为。"不正当性行为"是指婚前的性行为，是一种严重违纪行为，一般应从严处理。③收看、复制、传播淫秽物品者。这里所说的"淫秽物品"是指具体描写性行为或露骨宣扬色情淫秽形象的书籍、图画、录像及照片、报刊、手抄本等物品。凡参与收看淫书、淫画、淫秽录像等淫秽物品者，一般应给予警告或严重警告处分，经教育不改者，应令其退学。对于制作、复制、传播或隐匿不交淫秽物品的学生，一般应给予记过以上处分，对于个别情节严重的，则应给予勒令退学以上处分。对于利用淫秽物品进行犯罪活动的，还应依法追究刑事责任。④提供伪证、涂改证件、伪造证明等弄虚作假行为。所谓"伪证"是指证人、记录人等对案件有关重要情节故意作假证明、记录等行为，如捏造事实、无中生有、掩盖事实等，这种行为妨害主管部门对违纪行为的正确调查，可能导致他人受到错误裁决；"涂改证件"是涂改反映证件的姓名、年龄、家庭地址等行为，如涂改学生证家庭地址，骗取购买半价火车票等情况；"伪造证明"是指伪造事实、证章，骗取证明或私开假证明及借别人证件冒名顶替等行为，如开假病假证明等。对于以上行为视其情节给予记过以下处分，情节严重的则应给予留校察看以上处分，个别情节严重，造成严重后果触犯刑律的还应追究刑事责任。⑤隐匿、毁弃或私拆他人邮件的行为。这种行为在高校较为常见，产生的原因常常与青春期的好奇心有关。这是一种侵犯他人隐私权的行为，应根据情节轻重给予相应的行政处分。

教学秩序管理方面的处分应包含以下内容：①无故旷课或擅自离校者。根据原国家教委《普通高等学校学生管理规定》，一学期旷课超过 50 学时（旷课一天，按实际授课时间计）者应给予勒令退学以上处分。学生旷课，不单纯指课堂缺席，也还应包括实验、实习、毕业设计、劳动、军训、政治学习等方面。因故不能出勤者，必须履行请假手续。凡未经请假或超过假期者，一律以"旷课"论，但因病或特殊事故及不能抗拒的自然力量所造成的不能请假者除外。所谓"擅自离校"是指未请假或请假未准离校及请假逾期未续假者。学校应随时根据学生的旷课时数给予批评教育或给予相应的处分，应当尽量避免学生旷课时数累计 50 学时给予勒令退学处分。②考试作弊。"作弊"是指考试时，用不正当的手段以窃取虚假成绩为目的的行为。无论是考查、测验或考试作弊，帮助作弊，其行为性质相同，均应根据作弊情节和后果给予相应的处分，作弊课程成绩均以零分计。作弊情节较轻，认错态度好，有悔改表现者，毕业前可给一次补考机会。对于作弊情节严重或认错态度不好，可不予补考。学业结束后，按结业处理。③擅自结婚者。普通高等学校本专科学生应是未婚者，如须结婚则应先办理退学手续，没办理退学手续而擅自结婚者一经发现则应勒令退学。虽然武汉大学在 2001 年 11 月做出了允许在校大学生结婚的决定，但从教育部及其他高校的情况来看，在校大学生结婚还是不适合的。

第三节 大学生奖惩考核体系的建立

一、实施奖励与惩罚的工作依据

目前，我国高校奖励工作多采取通过对学生素质的综合测评来进行。各校制定的综合测评的实施方案（或实施办法），实际上就是对学生德、智、体诸方面进行全面考核的一个指标体系。因此，各高校能否建立合理的考核体系，是衡量学生考核工作是否成功的重要标志，也是开展学生奖惩工作的基本前提。

学生综合测评内容基本上是按德、智、体三个大的方面进行考评。但是在具体实施过程中，智育和体育方面容易量化，而德育方面的考核工作是一个难度较大的问题，因为这里有一个"量化"的问题。大学生政治思想测评量化问题，目前全国各高校都处在一种探索和尝试过程中。人的思想政治品德，有其外在表现的一面，也有其内在心理素质和道德涵养的一面。这两个方面，特别是后一个方面，是比较难以量化的，起码是不能简单量化的。近年来，围绕大学生思想品德测评问题，高等学校思想教育部门及行政管理部门的同志进行了许多探索和尝试。

（一）大学生德育的量化考核

综合目前全国高校的德育量化工作，一般的做法都是从学生思想品德的实际出发，把德育考核分解成两部分，即基本素质（一般量化定为 60 分，称为基础分）和参考附加分（量化分为正分和负分两种类型），即德育成绩等于基础分 60 分加上考核附加分（正分或负分）。德育考核附加项的内容各校不尽一致，但大体都包括以下几个方面的内容：①形势任务方面的内容，如参加时事政治学习和党团组织生活及校、系、班三级组织的集体活动的出勤情况。②学习态度方面的表现情况，如按时上下课，及时完成作业，遵守课堂纪律、考试纪律等方面的情况。③文明礼貌方面的内容，如尊敬师长，团结、关心、帮助他人的表现情况及个人卫生、宿舍卫生、爱护公物、维护公共秩序方面的情况。④为同学及社会服务方面的内容，如担任学生干部和其他社会工作的工作情况。⑤大学生社会实践方面的内容，也还有将近几年在大学生中开设的《形势与政策》《法律基础知识》《人生哲学》《大学生修养》等课程的成绩纳入德育考核范围的。

（二）大学生的智育考核

智育考核的一般做法都是以学生全年各门课程考试成绩为依据并设附加奖励分，即智育成绩等于本学年各门课程总成绩除以本学年课程总门数后的得分再加上奖励分。智育考核的奖励分一般是指课堂以外的专业学习及科研情况，如发表论文，参加专业知识方面的学习竞赛或某种发明创造等。

（三）大学生的体育考核

大学生的体育考核主要是依学生的体育课成绩、参加课外文体活动、早操出勤等方面的情况进行考核，有些院校将劳动课及义务劳动等方面的内容加入了该项考核。体育成绩考核也应确定基础分，即体育成绩等于基础分 60 分加上附加分（正分或负分）。

（四）大学生综合测评总成绩的确定

大学生德、智、体三方面总成绩的计算，即把德、智、体三方面分项考核的成绩乘以各自所占的百分比，然后相加，即大学生的综合测评总成绩。德、智、体三方面各自应占多少比例，各校可以自行研究决定。大部分院校德、智、体三方面所占的比例一般为德育占 30%，智育占 50%，体育占 20%。

二、大学生奖惩工作的实施

大学生奖惩工作与思想政治工作或其他方法相比，具有明显的高刺激特点，其社会影响更为广泛。因此大学生的奖惩工作就具有很强的政策性。在大学生奖惩工作中，应注意以下几点：

（一）惩罚要有依据

对大学生的行为管理，主要依据国家规定的培养目标和各级主管部门及学校本身制定的规章制度、行为准则和有关条件。近年来，国家教育行政主管部门颁布了《普通高等学校学生管理规定》和《高等学校学生行为准则（试行）》《高等学校校园秩序管理若干规定》等有关高校学生行为管理的办法及准则等。这些规定、准则和条例，是高校进行科学管理的最有权威的依据。各高校应根据这些规定、准则及条例结合本校实际情况制定若干细则和准则、条例，从而使学生管理工作有章可循，按章办事，以避免和克服管理工作中的随意性。

有了规章制度后，还要广为宣传。要像全国普法教育那样，在大学生中进行校纪校规教育。有条件的学校，还可将有关学生管理方面的条例、规章制度及办法汇编成《大学生手册》，让每个学生知道哪些事可以做，哪些事不可以做，从而使这些规章制度真正成为大学生的思想素质和行为准则。

（二）奖惩要有人执行

规章制度建立后，具体的贯彻实施则十分重要，规章再好，不能落实则是一纸空文。因此建立一支训练有素、相对稳定的学生管理工作队伍，才能真正适应学生管理工作的需要，才能真正使奖惩这个学生行政管理的重要手段发挥出它的作用来。

目前的现状是，许多高校的同志都不大愿意搞学生管理工作，特别是学生的惩处工作，容易得罪人。另外是学生一线管理工作太劳累，早上要查早操，晚上要查宿舍，节假日也不得休息。涉及政策方面的问题，是学生管理干部与校内其他专业技术人员不享受同样的待遇，不能评聘相应的技术职务。因此各高校党政领导应重新评价和正确认识学生管理工作的地位和作用，增强学生管理干部的光荣感、责任感，从而选拔一批思想政治素质好、吃苦耐劳、具有一定的理论修养和实际工作经验，热爱学生工作的同志从事学生管理工作，并能定期从学生管理干部中选拔一批同志外出进修或去教育行政管理学院脱产学习，注意改善学生管理干部的工作条件和生活条件，以解决他们的后顾之忧。

（三）奖惩要兑现

奖惩兑现就是说在奖惩工作中表扬好人好事、处理违纪事件要雷厉风行，避免拖拉。现在有一种倾向，即处理违纪学生很难，处理开除学生更难。有的同志把教育和处理对立起来，认为既然强调教育为主，就不应处分。有的同志心慈手软，对该处分的学生下不了决心，以感情替代政策，主张"私了""家丑不可外扬"。

常常是违纪学生一旦被处理，说情者多，鸣不平者多，处理工作步履艰难。我们主张奖惩要兑现，就是要及时地理直气壮地表扬好人好事，理直气壮地批评乃至处理违纪行为。处理时，应以事实为依据，以政策为准绳，做到该宽的宽，该严的严，处理后上下一致，态度坚决，排除干扰，维护处理结果，并公布于众，以得到社会舆论的监督。如奖惩不及时兑现，拖拖拉拉，就有可能该奖的不奖，该罚的不罚，或者"大事化小，小事化了"，从而丧失或削弱了奖惩手段在大学生行政管理工作中的效能。一般来说，奖惩实施的效果与时间成正比，延期或迟缓的奖惩则会失去其激励的意义，甚至使学生产生漠视心理。惩罚若不及时，不仅使不良行为得不到抑制，而且不良行为可以扩大影响，导致学生对纪律观念的淡薄。学生中一些不良风气的蔓延，其中一个重要原因就是惩罚不及时。

另外在大学生奖罚工作实施过程中，校系之间，各系之间，各职能部门之间都可能出现这样或那样的矛盾，实际工作进展可能与工作要求出现一定的距离。这就要求学生行政管理领导要随时根据工作进程，协调各种关系，尽量减少管理工作的内耗，使各级组织之间进一步地协调一致，同时还要广开言路，注意信息反馈，以便及时了解情况，应该深入学生中去，亲自感受各种各样的反馈，以及时发现矛盾症结所在，采取有效的办法妥善处理奖励或惩罚实施过程中出现的各种矛盾和问题。

三、大学生处分的管理及报批程序

（一）大学生的处分管理

大学生的处分一般均由学校行政具体管理和实施。从大学生所受处分的行为特点来看，一般涉及学校以下三个部门：教务处、保卫处、学生处。

对于学生无故旷课、考试作弊等教学管理制度方面的违纪行为一般应由教务处协同系级组织调查处理。

对于学生违反国家法律、法令、法规，偷窃、诈骗、打架斗殴、赌博、扰乱宿舍、课堂、食堂、考场、会场、图书馆、影剧院等公共场所秩序的违纪行为一般应由校保卫处协同系组织调查处理。学生其他方面的违纪行为则一般应由学生处协同系级组织调查处理，如擅自结婚、伪造涂改证件等行为。

学生处分不管由哪个主管部门处理，但全校违纪学生处分的情况汇总一般都应由学生处全面负责。

（二）大学生处分的报批程序

发生学生违纪现象后，该生所在系应积极帮助班主任（年级辅导员）做好调查了解、讯问及取证等工作，后由该班班主任召集班委会研究讨论，提出处理意见，报系行政，系行政则应根据学校有关学生违纪处分规定，讨论提出具体处分意见，并按违纪的行为特点报学校有关部门复议。

警告、严重警告处分由系里提出处理意见，学校主管部门讨论决定。记过以上的处分，则先由系里提出处理意见，学校主管部门复核，提交校行政会议讨论决定。

学校对学生做出勒令退学、开除学籍的处分，应报省、自治区、直辖市主管高教部门备案。其中因政治问题而做出勒令退学、开除学籍处分的，须报经省、自治区、直辖市党委有关部门同意，由省、自治区、直辖市高教主管部门审批。

学生的处分决定均应归入本人档案，不得撤销。

另外在学生处分的实施过程中要注意，在处分决定下达之前，应将处分决定书面或口头通知被处分的学生，被处分的学生应在处分决定意见书上签名，并注明"同意""保留意见""要求申诉"等字样。被处分的学生如不服，可以在接到通知后，向有关部门提出书面申诉。有关部门在接到申诉后，应进行复查，给予答复，如处分不当，应予以纠正。申诉，是学生的一项民主权利，应当正确对待，不能认为申诉是无理取闹，更不能由于申诉而加重处分。

第四节　教育为主　管理育人

一、大学生奖惩工作与思想政治教育

在社会主义改革开放和现代化建设的过程中，奖励和惩罚的手段作为思想政治教育的一个基本方法，具有重要的社会意义，这是因为社会主义现代化建设需要人们有严明的纪律及稳定的社会秩序来作为保证。公开、及时地运用奖励和惩罚的方法，使人们直接认识到什么样的行为是好的或者不好的，认识到自己行为的直接后果，从而使他人从当事者的行为中吸取经验教训，这是在对人进行思想政治教育过程中，运用奖励和惩罚手段的主要目的。思想政治教育是正面的说服教育，通过摆事实，讲道理，榜样示范，启发引导，达到教育人的目的，我们做思想政治教育工作，立足于耐心说服教育。为了使这种教育更加有效，其必须与行政管理相结合，我们所说的行政管理主要是用行政的规定、制度、条例、守则、章程等规章制度和行政手段来约束人们的行为，从而养成良好的行为习惯。

思想政治工作要求对人们进行耐心教育，但耐心教育并不是万能的，对于违法乱纪的行为，必须给予必要的纪律乃至法律制裁。不这样做，就不能惩前毖后，治病救人，也不能维护学校的教学、生活纪律。当然处分是一项思想性、政策性很强的工作，必须慎重。只有把耐心的思想政治工作与强制性的纪律约束相结合，才能制止学生的不良行为，发展提倡积极良好的行为。

思想政治工作是做好一切工作的保证，学生奖惩作为学生管理工作的重要内容，当然也离不开思想政治工作，特别是在改革开放时期，更需要不断地对学生进行经常性的思想政治教育。奖惩作为一种手段，其目的在于使学生增强法纪观念，明确是非界线。所以当思想政治工作与奖惩工作紧密结合起来的时候，就会大大增强教育效果，正确的奖励，客观上就树立了典型。这不仅使被奖者受到了鼓励，还能在周围环境中产生巨大的社会效果，以激励他人上进。正确地实施惩罚也是如此，它不仅能使少数犯错误的学生吸取教训，认清错误，而且可以使他们引以为戒。可以说，思想政治工作是做好奖惩工作的保证，而奖惩则是做好学生思想政治工作的有力手段之一。

二、大学生奖惩应坚持"以奖为主，奖惩结合"的原则

奖惩结合，以奖为主，符合唯物辩证法的原则，反映了人的思想活动特点和发展规律。任何一个学生身上总是包含着积极因素和消极因素两个方面。积极与消极，先进与后进，是此长彼消的，我们开展奖惩工作的目的正是鼓励先进，鞭策后进。

奖励主要是利用人们的上进心来发挥作用的，而惩罚则主要是利用人们对自尊心的维

护本能及个人经济利益的需要心理来发挥作用的。从心理学的角度来讲，奖励易被接受，而惩罚则易损伤自尊心。大学生正处于成长阶段，他们思想活跃，上进心强，惩罚如若不当则会引起思想上的对立，产生消极抵抗情绪，影响学生积极性的发挥。奖惩结合，以奖为主，并不是说不要惩罚，而是要求我们在以奖励表扬为主的前提下，及时地、恰如其分地运用惩罚手段，从而鞭策和教育犯错误的同学，使其正视自己的错误，增强其改正错误的信心和勇气。实践证明，奖惩结合，以奖为主的管理，是一种积极而有效的管理办法。

三、大学生的奖励应坚持"物质奖励与精神鼓励相结合，以精神鼓励为主"的原则

历史唯物主义认为，对物质利益的需求是人的思想活动产生的客观原因。人类所从事的生产活动和进行的各项社会实践活动，最终都是直接或间接满足人们的物质需要与精神需要。一定的物质奖励是必要的，但是单纯的物质奖励则是不可取的，因为人们的需求不仅包括物质需求，同时也包括精神需求。大学生正处在长身体、长知识、长能力时期，绝大多数学生富于探索精神，有理想、有抱负、有追求，渴望成才，所以对他们来说，尊重的需求和自我实现的需求显得更为强烈。在此意义上说，精神上的鼓励则更能调动其积极性。

四、对违纪学生的处分应把握的特点

实施惩罚激励是一项政策性较强的工作，如果运用得当，会使被惩罚者悬崖勒马，产生优化行为，进而形成稳定向上的心境。如果运用不当则会导致被激励者出现消极情绪，感到压抑。这就可能使违纪学生本来已经不平衡的心理出现新的偏差和错乱，给不健康的心理增添了催化剂，使它更加具有激怒性，更容易产生破坏性的冲动或行为。因此，要真正使违纪学生惩罚激励达到良好的效果，应在对学生实施处分过程中注意把握以下几点：

(一) 客观性

大学生的违纪行为无疑是与学校的培养目标相违背的，甚至其性质的严重性与社会犯罪仅有片壤之隔。但是，大学生从根本上与社会上的劣迹分子有着显著的区别。从客观条件而言，他们毕竟是中国社会青年一代中的佼佼者，客观上有着重大的社会责任，主观上又有着高层次目标的向往，具有相对的单纯性和很大的可塑性。大学生的违纪行为一般都是在情感冲动而意志力不能控制时发生的，冷静下来之后，大都能悔悟自己的错误，有深深的懊悔心理和自责心理。因此可以说，大学生违纪行为大多数尚属知行上的脱节、失误与迷途。从主观可塑性而言，违纪学生具有基本觉悟、道德意识、是非标准和文化素质，尚有自新的强烈愿望和一定的意志力，没有根深蒂固的反社会的人生观精神支柱。因而可以说，只要对违纪学生引导得当，大多数违纪学生都是可以转变的，他们仍可以成为好学生、好公民。因此只有建立对违纪学生的这种客观评价和基本认识，才能使对违纪学生的处分真正起到惩罚激励的良好效果。

(二) 公正性

处罚中的公正性在学生眼中尤为重要。这个因素对违纪学生能否正确接受处分有很大

影响。因而在对违纪学生实施处罚时，不论其是一般学生还是学生干部，在校纪校规面前都应一律平等。在实施处罚时，对初犯、偶犯或屡犯，轻犯或重犯，无意或有意，造成影响大小等不同的情况，都应加以区分。同时，要把受罚行为同受处分学生的日常行为区别开来，避免算总账，让学生认识到处罚是针对他的错误而不是针对他本人，这样学生就会主动积极纠正自己的错误。反之，则会产生消极的态度。

（三）适量性

学生处分有警告、严重警告、记过、留校察看、勒令退学、开除学籍几种，目的都是在于施加一定的压力，激发学生的内在动力，使他们养成良好的行为习惯，因此惩罚的量一般要略低于错误行为的程度，即本该重罚的要适当轻罚，可罚可不罚的最好不罚，给其改错的机会。从实践中看，这样做的都取得了较好的效果。当然，无原则的迁就也是要不得的。

（四）及时性

对大学生的处罚必须及时紧跟在违纪行为发生后进行。一旦时过境迁则要降低效果，这样既不利于及时教育学生个体，同时也失去了整体的激发作用。

参考文献

[1] 野苏民. 高校学生管理工作的信息化建设探究 [J]. 现代营销（经营版），2019
    (5)：222.

[2] 于冰筠，杨金娥，李莲. 研究型实验室管理工作的探索与实践 [J]. 实验室研究
    与探索，2015 (5)：234—237.

[3] 张蓓，盘思桃，吴宝姝. 基于 ERG 理论的研究生科研创新能力激励因素研究
    [J]. 高等农业教育，2019 (1)：113—119.

[4] 张继延，焦洁庆. 高校学生公寓大学生自我管理之我见 [J]. 学校党建与思想教育
    （高教版），2014 (9)：74—75.

[5] 张帅，凌飞，杨波涛. 新媒体时代大学生思想政治教育研究 [J]. 产业与科技论
    坛，2018 (17)：170—171.

[6] 周敏. 大学生社交网络行为特点及教育对策 [J]. 学校党建与思想教育，2017
    (24)：53—55.

[7] 朱晓琳. 多维发力：高校思想政治理论课学生考核评价体系创新研究——以华北
    科技学院为例 [J]. 学校党建与思想教育，2018 (16)：28—30.

[8] 庄丽. 最佳人力资源管理模式在高校组织绩效评价中的应用 [J]. 黑龙江高教研
    究，2019 (4)：47—51.

[9] 郭立场. 新形势下高校学生党支部建设存在的问题及对策探析 [J]. 中州学刊，
    2019 (3)：17—21.

[10] 韩雪青，高静毅. 大学生思想政治教育"主渠道""主阵地"协同育人探究
    [J]. 学校党建与思想教育，2018 (3)：22—24.

[11] 胡玉冰. 浅析互联网背景下高校学生管理问题的创新 [J]. 神州，2019 (3)：
    105，107.

[12] 花树洋，程继明. 大数据时代高职院校学生教育管理的现状审视及发展对策
    [J]. 教育与职业，2019 (3)：36—40.

[13] 蒋娟，程志波. "新时代"背景下高校学生管理工作创新研究 [J]. 中国成人教
    育，2017 (2)：39—41.

[14] 匡艳丽，郝其宏. 反思与构建：高校创客文化培育的实践路径 [J]. 黑龙江高
    教研究，2018 (9)：67—70.

[15] 黎红友. 高校网络舆情传播机制与引导策略研究 [J]. 学校党建与思想教育，
    2018 (3)：57—59.

[16] 李国春，部宗娜. 高校学生管理模式创新探究 [J]. 才智，2019 (11)：132.

［17］李慧鹏，靳小三. 高校辅导员工作创新的路径探微［J］. 求实，2013（Z2）：30—31.

［18］李勤，夏璐. 新时代下高校学生管理工作创新分析［J］. 轻工科技，2018（11）：157—158.

［19］逯妍妍. "互联网＋"时代背景下学生管理工作创新分析［J］. 山西青年，2018（17）：182—183.

［20］吕海燕. 大数据背景下大学生创新创业项目管理［J］. 现代企业，2019（3）：96—97.

［21］牛亏环. 大学生学习过程评价的现状、问题及对策——基于全国16所本科高校的调研［J］. 大学教育科学，2017（6）：42—49.